JN077114

学校生活・就活に役立つ！

短くても伝わる文章の書き方

白藍塾 編
樋口 裕一 監修

日本能率協会マネジメントセンター

はじめに

　文章を書くことは、現代人にとって不可欠のスキルです。学校生活においても就職活動においても、そして、その後の活動においても、文章を書くことがますます大事になってきます。

　学校内でも先生や事務の方への連絡、友人たちとの意見交換、学校に提出するレポート、インターンシップに関する依頼状、志望動機、自己PR、礼状、謝罪文などなど、日々、書かなければならない文章がたくさんあります。現代人は、そのような文章を通じて、コミュニケーションをとって社会生活を営んでいます。

　しかも、文章はしばしば能力や人柄の表れとみなされます。

　文法的に間違いだらけの文を書いたり、だらだらして伝わりにくい文を書いたりしては能力を疑われてしまいます。入社試験での志望動機書に言葉の間違いがいくつもあったのでは、高い評価を得るのは難しいでしょう。また、謝罪文に不用意なことを書いてしまったら、人間性に問題があるとみなされることもあるかもしれません。

　逆に、しっかりした文章を書くことは、社会の常識を備え、立派に社会人として生きていくことのできる人間としての資格といえるでしょう。それほど、文章は社会において大事なものなのです。

　ところが、文章を書くことに苦手意識を持っている人が多そうです。そのような人は、現代社会での大事なコミュニケーションをまだ十分にできず、就職活動にも失敗してしまうかもしれません。

　そこで、本書は、とくに専門学校で学ぶ若い人が、社会で生活するにふさわしい文章を書くことができるようになり、就職活動をしっかりと進めることができるように、基礎の基礎から文章の書き方を説明しています。

　文章を書くときの心構え、短い文章の書き方、文章の組み立て方から始め、先生との連絡、志望動機、自己PRなどの学校生活や就職活動の中で必要とされるさまざまな文章の書き方を説明しています。本書は、これから先に書くこ

とが求められるほとんどの文章の書き方を網羅しているといってもよいでしょう。また、項目ごとに復習のための練習問題を加えて、無理なく理解が深まるように工夫しています。

　なお、本書の執筆は、1991年の設立以来、書籍の執筆や通信添削によって日本全国での文章指導を展開してきた白藍塾の塾長および講師陣があたりました。本書の中に、白藍塾の指導の30年が詰め込まれています。

　文章の書き方を身につける練習をする際に、そして、実際に文章を書こうとする際に、ぜひ本書を参考にして自分なりに文章を組み立ててくださることを願います。本書が多くの方の文章力上達に役立ち、実際の文章を書くときの参考になることを願います。

樋口裕一・白藍塾

学校生活・就活に役立つ！　短くても伝わる文章の書き方●もくじ

はじめに ……………………………………………………………………3

第1章　文章の書き方の基本を身につける

第1節　**文章を書くときに心がけること** ………………… 10

　　1　読み手を意識しよう ……………………………… 10

　　2　盛り込みすぎないようにしよう ………………… 10

　　3　書いたら見直そう ………………………………… 10

第2節　**わかりやすい1文を書くために** ……………… 13

　　1　1文を短くしよう ………………………………… 13

　　2　主語と述語をかみ合わせよう …………………… 14

　　3　書き言葉を使おう ………………………………… 15

第3節　**抜けやすい言葉に注意する** …………………… 17

　　1　「ら抜き言葉」に気をつけよう ………………… 17

　　2　主語・目的語・述語をきちんと書こう ………… 18

　　3　句読点をきちんと打とう ………………………… 20

　　4　読点の打ち方を知ろう …………………………… 22

第4節　**使う言葉を統一する** …………………………… 24

　　1　難しすぎない漢字を使おう ……………………… 24

　　2　文体を統一しよう ………………………………… 25

第5節　**文と文をわかりやすくつないでいく** ………… 27

　　1　2つの文の型を知ろう（頭括型と尾括型）……… 27

　　2　2つの表現を使い分けよう（具体と抽象）……… 29

　　　　3　ひと言ですませず説明を加えよう …………………………31
　　　　4　接続詞をうまく使おう ………………………………………32

第6節　文をわかりやすく整える ……………………………………34
　　　　1　同じ意味なら同じ言葉を使おう …………………………34
　　　　2　箇条書きをうまく使おう …………………………………35
　　　　3　括弧を使い分けよう ………………………………………36

第7節　原稿用紙の使い方 ……………………………………………39
　　　　1　書き方の原則を知ろう ……………………………………39
　　　　2　縦書き・横書きの違いを知ろう …………………………40

第8節　メールを書くときの注意点 …………………………………42
　　　　1　メールのルールを知ろう …………………………………42
　　　　2　メールの書き方を知ろう …………………………………44

第9節　SNS を書くときの注意点 ……………………………………48
　　　　1　なれなれしい文体にならないようにしよう ……………48
　　　　2　読んでいる人の範囲を意識しよう ………………………48

第2章　学校生活のなかで「伝わる文章」の力をつける

第1節　先生とのコミュニケーションで力をつける ………………52
　　　　1　伝わる文章を書くトレーニングをしてみよう …………52
　　　　2　あだ名や「ちゃん」付けを避けよう …………………52
　　　　3　友だち同士で普段使っている言葉は避けよう …………54
　　　　4　絵文字やスタンプを使わないようにしよう ……………56
　　　　5　単語だけですませず文にしよう …………………………58
　　　　6　いくつもの用件を混ぜないようにしよう ………………58
　　　　7　約束を守れないときは相手を気づかおう ………………61

第2節　「質問」と「感想」で力をつける ……………………………… 65
　1　文章を書く機会を役立てよう ……………………………… 65
　2　授業の内容について質問しよう ……………………………… 65
　3　授業内容以外の質問をしよう ……………………………… 67
　4　卒業生に質問をしよう ……………………………… 69
　5　ゲスト講師の特別授業について感想を書こう ……………………… 71
　6　ゲスト講師の特別授業が不満だったときの感想を書こう …… 73
　7　上映会・展示会などの学内イベントについて感想を書こう ·74
　8　卒業生から就活体験談を聞いた後の感想を書こう ………… 76
第3節　お礼状を書いて力をつける ……………………………… 78
　1　お世話になった人にお礼状を書こう ……………………… 78
　2　ビジネスレター（手紙）の基本を知ろう ………………… 78
　3　ビジネスメールの基本を知ろう ……………………………… 83
　4　実習でお世話になった人に手紙を書こう ………………… 86
　5　研修旅行でお世話になった人にメールを書こう ………… 89
　6　インターンシップでお世話になった人にメールを書こう ·… 92

第3章　「伝わる文章」が書ければ就職活動も成功する

第1節　就職活動に必要な書類 ……………………………… 98
　1　就職への意欲を文章でアピールしよう ……………………… 98
　2　提出書類は企業とのマッチングが大事と知ろう …………… 98
　3　履歴書・エントリーシートの基本を知ろう ………………… 99
　4　履歴書・エントリーシートで伝えるべきことを知ろう ……101
第2節　自己PRの書き方 ……………………………… 104
　1　自己PRを書こう ……………………………… 104

2	強みを 1 つにしぼろう	108
3	失敗や困難を乗り越えたエピソードを書こう	110
4	エピソードから導き出せる強みを書こう	111

第 3 節　**学生時代に力を入れたことの書き方** …………113
1	学生時代に力を入れたことを書こう	113
2	できて当たり前のこと・小さすぎることは避けよう	115
3	エピソードを語りすぎないように注意しよう	117
4	エピソードから読み取れる「学んだこと」を示そう	119

第 4 節　**志望動機の書き方** …………122
1	志望動機を書こう	122
2	仕事内容を中心に書こう	124
3	自分の考えを書こう	127
4	矛盾した説明にならないように注意しよう	128
5	箇条書きや単語の羅列ではなく文章で伝えよう	130

第 5 節　**就職活動に必要な書類の送り方** …………132
1	送る前に確認しよう	132
2	面接に向けて準備しよう	133
3	就職活動で必要なビジネスレターを作成しよう	135

索引 …………140

第 **1** 章

文章の書き方の基本を身につける

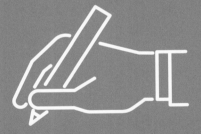

文章を書くときに心がけること

1 読み手を意識しよう

文章を書くとき、まず、心がけなければならないのは、読む人の状況を考えることです。

相手が先生なのか、事務の人なのか、年上の人なのか年下の人なのか、一人なのか大勢なのか、ある特定の人に宛てているのかによって、文体も内容も異なります。また、レポートや論文のように、客観的に書いているのかによっても異なります。

いずれにしても、読むのがどのような人なのかを意識しながら、相手がしっかり理解できるように、納得してもらえるように書く必要があります。

そのためには、読む人が知らない言葉を使わないように気を付けることも大事です。**相手が知らないと思われるようなことについては、説明を加える必要**があります。また、例を挙げるときにも、何かにたとえるときにも、読む人の年齢や職業などを考え、相手に応じた内容にする必要があります。

2 盛り込みすぎないようにしよう

文章を書く場合、1つの文章にあれこれといくつもの内容を盛り込むとわかりにくくなります。できるだけ、**1つか2つにしぼって書く**のがよい方法です。

いくつものことを書くと、印象が薄れます。どれが大事なことなのかも、読んでいるうちにわからなくなります。どうしても複数のことを書く必要がある場合には、「お伝えしたいことが3点あります。第1に……」というように、整理した書き方をしましょう。

3 書いたら見直そう

書いた後に自分で見直すのも、文章を書くときの原則です。読んだ後に、相

手がどのように思うかを考えて見直します。

　読む人の状況も考えましょう。もしかしたら、今、相手は不幸の中にいるかもしれません。それなのに、この文章を読んだらどうなるかを考えましょう。

　読む人が大勢いるときには、それぞれ別の人の身になって考えてみます。書いているときには、自分と同年代の若い人のことばかりを対象に置いていたかもしれませんが、読み返すときには、高齢の人が読んだらどのように思うかも考えてみます。そうすると、書き足りなかったこと、書きすぎたことに気づきます。

練習問題

次の文章には不適切な個所があります。正しく修正しなさい。

① 　先生、私のこと、覚えてくれてますか？　最初の授業でみんなの前でUKIの物まねして自己紹介した生徒と言えばわかってもらえますよね。連休明けの授業、法事で休みます。よろしくお願いしまーす。

② 　明日の懇親会の件、よろしくお願いします。私は20時くらいになるかもしれません。進めておいてください。ところで、昨日、S社から依頼のあった件はどうなりましたでしょうか。急ぐ必要があると思いますので、その件は佐々木さんにまず伝えておいてください。本社の時枝部長が先日の返事を気にしています。昨日相談したとおりに答えてください。

解答例

① 　私は木村です。最初の授業で流行の歌手の物まねをして自己紹介した生徒と言えばわかっていただけますでしょうか。連休明けの授業、法事で休ませていただきます。よろしくお願いします。

② 　3点伝えたいことがあります。①明日の懇親会は、私は20時くらいになるかもしれません。進めておいてください。②昨日、S社から依頼のあった件

はどうなりましたでしょうか。急ぐ必要があると思いますので、その件は佐々木さんにまず伝えておいてください。③本社の時枝部長が先日の返事を気にしています。昨日相談したとおりに答えてください。

①は先生に向けているのに、友だちのような書き方をしています。相手が先生なのですから、丁寧な言葉を使う必要があります。また、「UKIの物まね」という言葉が先生にはわからない可能性があるので、言い換えるほうがよいでしょう。

②は、3つのことを未整理に書いているのでわかりにくくなっています。別のメールにするほうがよいのですが、1つのメールにまとめるときには、初めに「3点」と示すだけでもわかりやすくなります。また、箇条書きにすると、いっそうわかりやすくなります。

第2節

わかりやすい1文を書くために

1 1文を短くしよう

1つの文を長く書く人がいますが、それではわかりにくい文になります。文は短くするほうがわかりやすくなります。**1つの文が60字を超えたら**、自分が長い文を書いていることを自覚して、短くする努力をしましょう。

1文を短くするのが苦手な人は、「……して、……して、……したら、……したので、……だったが、……して、……」と書こうとします。そうではなく、「……した。つまり、……。なぜなら、……だからだ。そのため、……をした」のように書く習慣をつけましょう。つまり、書きたいことを**ひと言で書き切って**、その後に**説明する**ことを心がければ、長い文にならなくなります。何度か練習するうちに、コツが飲み込めるはずです。

練習問題1

次の文を短く改めなさい。

① インターンシップが大事だということはよくわかっていたつもりでしたが、実際にやってみるととても大変で、何度も自分には無理だと思ってくじけそうになりましたが、何とか頑張っているうちにだんだんと仕事をすることの楽しさがわかるようになって、最後には受け入れ先の係長からほめてもらえるようになりました。

② 私が不思議に思うのは、日本の会社では上司が部下と相談しないで独断で行動して、そのことにみんなが不満に思っているのに、意見交換をする会議などが設定されていないために、それをはっきり口にして言う人が少なくても、表面上は穏やかにしている人が多いことだ。

---

① インターンシップが大事だということはよくわかっていたつもりでした。ところが、実際にやってみるととても大変で、何度も自分には無理だと思ってくじけそうになりました。しかし、何とか頑張っているうちにだんだんと仕事をすることの楽しさがわかるようになって、最後には受け入れ先の係長からほめてもらえるようになりました。

② 日本の会社では上司が部下と相談しないで独断で行動して、そのことにみんなが不満に思っていることが多い。それなのに、意見交換をする会議などが設定されていないために、それをはっきり口にして言う人が少ない。そして、表面上は穏やかにしている人が多い。私はそのようなことを不思議に思う。

　②のように、「私が不思議に思うのは」などと書き出すと、**1文が長くなることが多くなります。**解答例のように改めると短く整理できます。どうしても、「私が不思議に思うのは」と書き出したいのであれば、たとえば、その後すぐに、「不満があっても、それを口にする人が少ないことです」のように書き切ります。それから、内容を説明するとよいでしょう。

2 主語と述語をかみ合わせよう

　文を書くときには、何よりも主語と述語をかみ合わせることを重視します。それを間違えると、日本語として通じない文になります。

　とくに、「私が考えるのは」「次に起こったのは」などで始めたときは、「私が考えるのは、……と考えます」「次に起こったのは、……が起こりました」と書きがちですが、それでは、主語と述語がかみ合いません。「私が考えるのは、……ということです」「次に起こったのは、……ということでした」のように、かみ合わせる必要があります。

練習問題2

次の文には主語と述語の不備があります。正しく修正しなさい。

① してはならないことは、授業中に居眠りしたり、私語を交わしたり、ヘッドフォンを着けたままにしたり、食べ物を食べたりしてはならない。

② 私がしたいと思っているのは、地域の産業を活性化させるためのプロジェクトに参加して、少しでも地域のために役立ちたいと思っています。

解答例

①-1 授業中に居眠りしたり、私語を交わしたり、ヘッドフォンを着けたままにしたり、食べ物を食べたりしてはならない。

①-2 してはならないことは、授業中に居眠りしたり、私語を交わしたり、ヘッドフォンを着けたままにしたり、食べ物を食べたりすることだ。

②-1 私がしたいと思っているのは、地域の産業を活性化させるためのプロジェクトに参加して、少しでも地域のために役立つことです。

②-2 私は、地域の産業を活性化させるためのプロジェクトに参加して、少しでも地域のために役立ちたいと思っています。

解　説

①のように、「してはならないことは」と書き始めて、「してはならない」で終わる文にすると、主語と述語がかみ合いません。解答例のように、主語と述語がかみ合う文にする必要があります。

３　書き言葉を使おう

文章を書くときは、読む人が親しい友だちである場合を除いて、話し言葉や流行語を使うべきではありません。きちんとした書き言葉を使って書きましょう。

とはいえ、普段から文章を読み慣れていないと、話し言葉なのか書き言葉な

のかの区別がつかない人もいるでしょう。とくに、**表1**の言葉使いに気をつけてください。

表1　特に間違いやすい言葉使いの例

	話し言葉	書き言葉
①	（接続詞としての）なので	だから／したがって
②	でも／けど	しかし／だが
③	～だって	～も／～でも
④	なんか	など
⑤	みたいな	のような
⑥	～してる	～している
⑦	～しないべき	～するべきではない
⑧	（用言を修飾する）すごい	すごく

表1について、以下に補足します。

① 　書き言葉でも、「私は専門学校生なので」という使い方はしますが、「私は専門学校生です。なので」という使い方はしません。

③ 　「私だってできる」「どんなことだって可能だ」ではなく、「私でもできる」「どんなことも可能だ」などとします。

⑥ 　会話では、「い」を抜いて、「してる」「見てる」「着てる」などと言うことがよくありますが、文章にするときには、正しく「している」「見ている」「着ている」と書きます。

⑧ 　書き言葉では、動詞、形容詞、形容動詞などの活用のある言葉（用言といいます）をともないません。「すごい」は形容詞ですので、「すごいきれい」「すごい速い」ではなく、「すごくきれい」「すごく速い」または「すごい速さ」とします。

抜けやすい言葉に注意する

■1■ 「ら抜き言葉」に気をつけよう

話し言葉では、「見せれる」「認めれる」「食べれる」「投げれる」「信じれる」のように、「ら抜き言葉」を使っている人がたくさんいます。しかし、書き言葉で使うと、国語力がないと判断されます。

「れる・られる」の使い分けは、文法的に考えると難しいので、どちらを使うかを迷った場合には、**元の動詞を命令形にしてみます。**受身や可能の表現の場合には、「見せろ」「認めろ」「食べろ」「投げろ」「信じろ」など、**語尾が「ろ」になるものは「られる」**を使います。「走れ」「回れ」「代われ」など、**語尾が「れ」になるものは「れる」**を使います。この方法を覚えておけば、間違えることはないはずです。

練習問題1

　次の文には**話し言葉**が含まれています。**書き言葉**に改めなさい。

① 　今、図書館では本は借りれません。なので、隣の市の図書館に行きます。

② 　公園で騒がしくしないべきだと思います。

③ 　まるで大学入試みたいなすごい難しい問題だった。

④ 　イベントを校内でやる話だけど、それもありだと思う。

解答例

① 　今、図書館では本は借りられません。ですから、隣の市の図書館に行きます。

② 　公園で騒がしくするべきではないと思います。

③ まるで大学入試のようなすごく難しい問題だった。

④ イベントを校内で行う（する・実施する）という話だが、そうすることも
考えられると思う。

　④の「ありだ」や「なしだ」という表現は、話し言葉ではよく使われます。
しかし、書き言葉としては、まだ、正式な表現と認められているとはいえません。

2 主語・目的語・述語をきちんと書こう

　次の文章は、学生が欠席予定を先生に伝えるメールの例です。

> 再来週土曜日に法事があるため、帰省するので23日（金）欠席します
> が、このままの順番で行くと、再来週には私になると思いますので、後に
> していただきたいと思って、友人に頼んでいたのですが、念のために連絡
> します。

　書いている本人は、これでわかると思って書いているのでしょう。友だちに
口頭で話すのでしたら、その場の雰囲気などで通じるのかもしれません。しか
し、このような文では、失礼であるばかりか、書きたいことがきちんと伝わり
ません。このメールには、**主語や目的語などが省略されています**。だから、わ
かりにくいのです。次のように改めましょう。

> 再来週の土曜日に法事があるため、帰省しますので、23日（金）の授業
> を欠席させてください。
> このままの順番で行くと、再来週には私が発表をすることになると思いま
> すが、後に延ばしていただけますでしょうか。
> このことを先生に伝えてくれるように友人にも頼んでいたのですが、私か
> らもメールを差し上げます。

　先に示したようなわかりにくい文章にならないようにするためにも、1文を短くして、「誰が」「何を」という点をしっかりと意識しながら書くことです。意識することによって、わかりにくい文になるのを避けることができます。

練習問題2

　次の文は主語や目的語などが不足しているためにわかりにくくなっています。言葉を補ってわかりやすく修正しなさい。

① 　図書館で借りていた本を返そうと思っていたが、時間が取れなかったので、友人に頼んでおいたら、忘れたために催促の電話が掛かってきた。

② 　台風が来ると休校になることは知っていたが、それたので行ったら、午前中に決まって連絡したと言われて、誰もいなかったので、すぐに帰った。

解答例

① 　図書館で借りていた本を返そうと思っていたが、<u>図書館に行く</u>時間が取れなかったので、友人に<u>返すように</u>頼んでおいた。<u>ところが、友人がそれを忘</u>れたために、<u>図書館から私のところに</u>催促の電話が掛かってきた。

② 　台風が来ると休校になることは知っていたが、<u>台風が</u>それたので<u>学校に</u>行った。<u>ところが、学校の人に、「午前中に休校が</u>決まって、<u>その</u>連絡を<u>した</u>」と言われた。<u>学校には知り合いが</u>誰もいなかったので、<u>私は</u>すぐに<u>家に</u>帰った。

解　説

　①は、誰が「忘れた」のか、どこから誰に「催促の電話」が掛かってきたのかを説明する必要があるでしょう。②は、何が「それた」のか、何が「決まっ（た）」のか、誰が何を「連絡し」、誰が誰に「言われ（た）」のかなどを明確に

しないと意味が通じません。

　なお、ここに示した解答例以外の解釈も可能かもしれません。また、この問題についてはとくに正解する必要はありません。むしろ、主語や目的語を省略すると、どれほどわかりにくいかを実感するための練習問題と考えてください。

3 句読点をきちんと打とう

　1文が終わったら句点（。）を打つことは、小学校のころに習ったはずですが、句点ではなく、読点（、）でつなげていく悪い癖がついている人がいます。それは正しい文ではありません。次の例を見てください。

〈悪い例〉

　昨日、熱があり、近くの医院で診察を受けたため、○○先生の授業を欠席しました、普通の風邪と言われましたので、来週には治ると思いますが、来週の資料をいただいていません、いただくことはできますでしょうか。

〈正しい例〉

　昨日、熱があり、近くの医院で診察を受けたため、○○先生の授業を欠席しました。普通の風邪と言われましたので、来週には治ると思いますが、来週の資料をいただいていません。いただくことはできますでしょうか。

　また、次のような文章を書く人がいます。

〈悪い例〉

　先生が言われたのは、欠席の人は前もって連絡をする。緊急事態のために連絡できないときには、事後でもよい。しかし、その場合には書面を出す。ということでした。

　小説などではこのような書き方をすることもありますが、一般の文章では好ましくありません。とくに、公式の文章には用いるべきではありません。

　また、「先生が言われたのは、欠席の人は前もって連絡をする」という文は、主語と述語がかみ合いませんので、正式の文ではありません。次のうちのいずれかのように書く必要があります。

〈正しい例〉

1．先生が言われたのは、欠席の人は前もって連絡をする、緊急事態のために連絡できないときには、事後でもよい、しかし、その場合には書面を出す、ということでした。

2．先生が言われたのは、「欠席の人は前もって連絡をする。緊急事態のために連絡できないときには、事後でもよい。しかし、その場合には書面を出す」ということでした。

3．先生が言われたのは、①欠席の人は前もって連絡をする、②緊急事態のために連絡できないときには、事後でもよい、③しかし、その場合には書面を出す、ということでした。

練習問題3

　次の文の句読点を、正しく改めなさい。

①　私は神奈川県に住んでいる、横浜からは遠く離れている、住み心地は悪くない。

②　この文章が語っているのは、日本社会は息苦しい。それを改めるには多様な価値観をもつことだ。だから、まずは旅行しよう。ということだ。

① 私は神奈川県に住んでいる。横浜からは遠く離れている。住み心地は悪くない。

②-1 この文章が語っているのは、「日本社会は息苦しい。それを改めるには多様な価値観をもつことだ。だから、まずは旅行しよう」ということだ。

②-2 この文章が語っているのは、日本社会は息苦しい、それを改めるには多様な価値観をもつことだ、だから、まずは旅行しようということだ。

解　説

②のように、複数の書き換え方があります。

4 読点の打ち方を知ろう

日本語には読点（、）の打ち方に規則はありませんので、人によってかなり自由が許されています。しかし、読点は、**少なすぎても多すぎても読みにくくなります**ので、読みやすいように打つ必要があります。

一般的に、読点は、次のように打つのが好ましいとされていますので、これを守って書くことを勧めます。

①**主語が長いときに、主語の後に打つ**

　例）会議が行われているときに教室にいた学生は、全部で15人ほどでした。

　　　「学生は歩いてきました」の場合は「学生は、歩いてきました」とはしなくてもいいです。しかし、「そこを歩いてきた学生は私のクラスに所属しています」という場合には、「そこを歩いてきた学生は、私のクラスに所属しています」とします。

②**重文で、接続助詞の後に打つ**

　例）明日は通常授業が行われますが、春めいて暖かくなってきましたが、どうお過ごしでしょうか。

③**「そして」「しかし」「したがって」などの接続詞の後に打つ**

　例）しかし、そのような考えに私は賛同できない。

④名詞などを列挙する場合に打つ

　例）ロンドン、パリ、ローマを訪れたことがあります。

練習問題4

　次の文をわかりやすくするために、読点を打ちなさい。
① 　しかもその本は図書室に置かれていました。
② 　私はいったん学校に戻りましたが担当者がいなかったのでイベント会場に向かいました。
③ 　この列車は岡山広島新山口小倉博多に停まります。
④ 　そのころまで外食などしたことのなかった私は初めてレストランに入って戸惑いました。

解答例

① 　しかも、その本は図書室に置かれていました。
② 　私はいったん学校に戻りましたが、担当者がいなかったので、イベント会場に向かいました。
③ 　この列車は岡山、広島、新山口、小倉、博多に停まります。
④ 　そのころまで外食などしたことのなかった私は、初めてレストランに入って戸惑いました。

解　説

　④は、主語の「そのころまで外食などしたことのなかった私は」の部分が長いために、主語の後に読点を打ちます。

使う言葉を統一する

1 難しすぎない漢字を使おう

中学校までに習った基本的な用語は、漢字を使って書くのが原則です。きちんと漢字を使えていないと、基礎的な国語力を疑われることになりかねません。漢字がわからない場合には、**可能なかぎり辞書などで調べて書く必要が**あります。

とはいえ、無意味に難しい漢字を使う必要はありません。次のような言葉は、現在ではほとんど漢字は用いられませんので、注意してください。

×「その為」「そのような事」「其の」「或る」「之は」「故に」

また、「従って」「及び」などは、接続詞として用いる場合には漢字は使わずに、ひらがなで「したがって」「および」と表記します。手書きの場合、間違えやすい漢字として**表2**のようなものがあります。

表2　間違いやすい漢字の例

言葉	正しい漢字	間違いの例
かちかん	価値観	価値感
せいと	生徒	生従
たいばつ	体罰	体罪
ふかけつ	不可欠	不可決
てんかい	展開	展開
せんもん	専門	専門

また、実際に書くときには、**楷書（活字で使われる字体）**を使ってください。「冂」や「才」などの略字や崩し字などを使ってはいけません。

練習問題1

次の文を、正しく漢字を使って書き改めなさい。

① 　したがって、それぞれのひとのかちかんをだいじにすることが、みんしゅしゅぎしゃかいにはふかけつなのである。

② 　せんもんかのいうとおりにことはてんかいしないものだ。

解答例

① 　したがって、それぞれの<u>人</u>の<u>価値観</u>を<u>大事</u>にすることが、<u>民主主義社会</u>には<u>不可欠</u>なのである。

② 　<u>専門家</u>の<u>言</u>うとおりにことは<u>展開</u>しないものだ。

解　説

　①の「したがって」は、接続詞の場合には、ひらがなを使うことを勧めます。②は、「専」「展」の漢字に注意しましょう。

2　文体を統一しよう

　常体（「だ・である」調）と**敬体**（「です・ます」調）をきちんと区別して書くのが原則です。

　作家のなかには、常体と敬体を混ぜて書く人がいますが、それは高等技術です。一般の人が、外部に宛てた文書を書くときには、常体と敬体を混ぜて書いてはいけません。1つの文章全体を**常体・敬体のどちらかで統一**します。

　なお、公的な文章は常体で書くのが原則です。したがって、**レポートや論文などは常体**を使って書きます。特定の人を相手に思い浮かべて書くときには敬体を使います。**メールや手紙、エントリーシートなどは敬体**を使うことになります。

　なお、敬体を使う場合、気をつけなければならないことがあります。それは、「社会に出たら、私は役に立つことをしたいです」というような、「終止形

＋です」という文章は好ましくないことです。話し言葉では一般的に使われますが、文章にすると幼稚な印象を与えます。

常体の文を敬体に、敬体の文を常体に改めなさい。

① それは可能だろうか。考えてみよう。

② 秋の嵯峨野の景色はとりわけ美しい。

③ 他人の気持ちを理解できる人間になりたい。

④ そろそろ花見の季節になりましたでしょうか。

⑤ 私はそのことは知りませんでした。

解答例

① それは可能でしょうか。考えてみましょう。

② 秋の嵯峨野の景色はとりわけ美しく感じられます（美しいものです／美しいと思います／美しさが際立ちます）。

③ 他人の気持ちを理解できる人間になりたいと思います（と思っています）。

④ そろそろ花見の季節になっただろうか。

⑤ 私はそのことは知らなかった。

解　説

①②③が常体、④⑤が敬体です。②は、「秋の嵯峨野の景色はとりわけ美しいです」という「終止形＋です」に改めると、幼稚な印象を与えるので避けましょう。③も、「他人の気持ちを理解できる人間になりたいです」という「終止形＋です」に改めることは避けましょう。

文と文をわかりやすくつないでいく

1 2つの文の型を知ろう（頭括型と尾括型）

　文章を書くとき、「型」を利用すると、論理的にわかりやすくまとめることができます。とくに、頭括型と尾括型の2つの型を身につけておくと、さまざまな場面で応用できます。

（1）頭括型

　200〜300字の短い文章を書くときに用います。

- **第1部**：ズバリと伝えたいことを書きます
- **第2部**：第1部で書いた内容を説明します。第1部に書いたことの根拠や具体的内容などを示します。

　多くの人が日常的に頭括型を使っていると思いますが、きちんと意識的に考えて使うと、しっかりした文章を書くことができます。

〈頭括型の例〉

　10月12日（火）の3時限の「情報B」の授業を休ませていただきます。

　その日、母が長期入院しますので、一人娘である私が日用品などを持って病院に行き、細かな手伝いをする予定です。心細く思っている母を元気づけ、苦しい思いをすることなく病院で生活できるようにしたいと思っています。その日だけは授業を休んで、親孝行をすることにいたしました。

（2）尾括型

　200〜300字の短い文章を書くときに用います。頭括型を反対にした型です。

- **第1部**：伝えようとしていることの理由などを説明します。
- **第2部**：最後に伝えたいことを結論として書きます。

初めにズバリと結論を書きにくいような場合に尾括型を使います。

〈尾括型の例〉

　10月12日（火）、母が長期入院しますので、一人娘である私が日用品などを持って病院に行き、細かな手伝いをする予定です。心細く思っている母を元気づけ、苦しい思いをすることなく病院で生活できるようにしたいと思っています。その日だけは授業を休んで、親孝行をすることにいたしました。

　そのような事情で、10月12日（火）の3時限の「情報B」の授業を休ませていただきます。

　頭括型と尾括型の両方を自在に使いこなせるようにしておくと、常にきちんとした文章を書くことができます。

練習問題1

　利用している交通機関で事故があったために、授業に30分ほど遅刻しました。遅延証明書も持っています。学校に提出する「遅刻届」を頭括型と尾括型で書きなさい（100字〜200字程度）。

解答例

①頭括型

　9月28日のビジネスマナーⅡの授業に交通機関の遅れのために30分ほど遅刻しました。遅延証明書を事務所に提出しています。

　私はJR中央線の日野駅を利用していますが、今朝の8時頃に荻窪駅で人身事故があったため、30分ほど不通になりました。中央線は人身事故で止まることが多いので余裕を持って出ていますが、普段以上に不通時間が長かったために、学校到着も遅れました。

②尾括型

　私はJR中央線の日野駅を利用していますが、9月28日の8時頃に荻窪駅で人身事故があったため、30分ほど不通になりました。中央線は人身事故で止まることが多いので余裕を持って出ていますが、普段以上に不通時間が長かったために、学校到着も遅れました。

　そのような事情で、ビジネスマナーⅡの授業に交通機関の遅れのために30分ほど遅刻しました。遅延証明書を事務所に提出しています。

> **解　説**

　頭括型・尾括型のどちらの型を使っても書くことができます。状況に応じて、相手が結論を急いで知りたいと思っているような場合には頭括型、理由を知りたいと思っていそうなときには尾括型のように使い分けるとよいでしょう。

2　2つの表現を使い分けよう（具体と抽象）

　文章は具体と抽象から成っています。抽象的なことを書いたら、その後に具体的な説明を加えます。逆に、具体的なことを書いたら、その後に抽象的にまとめます。**具体と抽象を繰り返して文章を続ける**のです。

　たとえば、「最近、この地域で交通事故が多発しています」と書いた場合、誰もが交通事故が多発していることを知っているのでなければ、「2週間前には、Y通りで自転車事故でけがをした人がいましたし、先週は、S交差点で車と車の衝突事故や歩行者の事故がありました」などと書きます。逆に、交通事故の具体的な発生例を先に書いたら、「このように、最近、この地域で交通事故が多発しています」などとまとめます。

　具体と抽象の使い方は、上記1で説明した頭括型・尾括型の応用と考えてください。先に抽象的に書いて、次に具体例を示すのは頭括型、先に具体的な説明をして、後でまとめるのは尾括型といえるでしょう。

次の文章のうち、①と②については具体例を示し、③と④については抽象的にまとめた言葉を書き、文章を完成させなさい。

① 私の姉はとてもおしゃれです。＿＿＿＿＿＿＿＿＿＿＿＿＿＿＿

＿＿＿＿＿＿＿＿＿＿＿＿＿＿＿＿＿＿＿＿＿＿＿＿＿＿＿＿＿＿＿

② 地球は温暖化が進んでいます。たとえば、＿＿＿＿＿＿＿＿＿＿＿

＿＿＿＿＿＿＿＿＿＿＿＿＿＿＿＿＿＿＿＿＿＿＿＿＿＿＿＿＿＿＿

③ Sさんは椅子がまっすぐになっていないときちんと直し、机の上の文房具を使う順に並べ、それ以外の不要なものは引き出しにしまい、引き出しの中もきちんと整理しています。つまり、Sさんは（　　　　　　　　　　）です。

④ その国では、交差点ごとに監視カメラがあり、ところどころに検問所があってIDカードやパスポートの検問を受け、大きな建物に入るごとに荷物検査を受ける。この国は（　　　　　　　　　　）だ。

解答例

① コートだけで10着ほど持っています。

お化粧に2時間くらいかけます。

ほかの人が着ないような鮮やかな色彩の服をたくさん持っています。

② 日本の平均気温が上がっています。

南太平洋の海抜の低い島は水没が心配されています。

氷河が溶け出しています。

北極圏の氷が小さくなっています。

③ 几帳面／整頓好き／きれい好き

④ 監視社会／監視国家／管理国家

解　説

　③④は、特定の人名や国名を書くのではなく、「Sさん」や「その国」をどのように表現できるかを考えてください。

3　ひと言ですませず説明を加えよう

　同じ生活の場をもつ友人同士・仲間同士であれば、こまごまと説明しなくても、ひと言でわかることが多いでしょう。しかし、文章の場合、生活の場を共有していない人が読むことがあり、ひと言ですべてが通じるわけではありません。したがって、**相手にわかると決めつけず**、きちんと説明を加える必要があります。

　たとえば、「私は賛成できません」と書いたら、なぜそう思うのか、どのような体験や意見があって反対するのかを説明します。また、「私は忙しい」と書いたのであれば、どのような仕事をしていて忙しいのかを少し説明するとよいでしょう。

練習問題3

適切な説明を加えて、文章を完成させなさい。

①　先日、駅のホームで目の不自由な人が危険な目にあっているのを見ました。その人は _____

_____

②　クラシック音楽のコンサートに行ったら、高齢の人が目立ちました。

_____

解答例

①　ホームから落ちそうになっていました。

　　電車の車両と車両の間に進もうとしていました。

②　70歳以上にみえる人がほとんどでした。

50歳以下の人など、数えるほどしかいないようにみえました。

　読んでいる人が頭の中で想像して納得できるように、説明を加えます。具体的にどのようなことが起こったのか、なぜそのように考えたのかを説明するとよいでしょう。

4　接続詞をうまく使おう

　作家のなかには、あまり接続詞を使わない人もいます。その影響でしょうか、文章の指導者のなかには、時折、接続詞を多用しないように教える人もいるようです。しかし、一般の文章は、文章としての美しさよりも、**わかりやすさを重視するべき**です。その場合には、きちんと接続詞を使うべきです。

　たとえば、「私は祭日なので授業はないのだと勝手に思い込んで自宅にいました。今年は先週の行事のために祭日も授業日でした。課題を出せませんでした」と書いても、読む人が文脈を補って考えなければ理解できません。したがって、「私は祭日なので授業はないのだと勝手に思い込んで自宅にいました。ところが、今年は先週の行事のために祭日も授業日でした。そのため、課題を出せませんでした」と書くことによって、ずっとわかりやすくなります。接続詞を意識的に使うように心がけましょう。

　なお、とくに上手に使うとわかりやすくなるのは、**「対立」の接続詞**です。

　たとえば、「矢野先生は、授業の始まりに全員が立って挨拶することを求めます。野田先生は、全員が立つと、それをさえぎって座ったままでいるように指示します。私たちはどうするべきか迷います」という文ですが、もちろん、これでも十分に理解できます。

　しかし、「矢野先生は、授業の始まりに全員が立って挨拶することを求めます。それに対して、野田先生は、全員が立つと、それをさえぎって座ったままでいるように指示します。私たちはどうするべきか迷います」とすると、伝えたいことが明確になります。

　このように、2つ以上の事柄の違いを強調して説明するときには、「それに対して」「ところが一方」「反対に」などの接続詞を使うとよいでしょう。

練習問題4

　適切な接続詞を入れて、文章を完成させなさい。

① 共和党は白人の保守的な層に多くの支持層がいるといわれている。（　　　　　）、民主党は、リベラルな白人や黒人やヒスパニックなどのマイノリティが支持層だといわれている。

② ホームページに会社説明会が開催されると告知されていたので、会場に行った。（　　　　　）、曜日を間違えていたらしくて、誰もいなかった。

解答例

① それに対して／一方

② ところが／しかし／だが

解　説

　①は、対立を強調していますので、対立を示す接続詞を使います。②は、逆接の接続詞を使います。

文をわかりやすく整える

1 同じ意味なら同じ言葉を使おう

　小説などでは、同じようなことを表現するときは、別の言葉を用いるべきだという考えが強いようです。たとえば、「パリに行った」と書いたら、次に「行く」ということを表現するときには、「赴いた」「訪れた」などに言い換えるのが好ましいとされているのです。

　しかし、一般の文章では、別の言葉を用いようと考えるべきではありません。同じ意味であれば、同じ言葉を使うのが原則です。別の言葉を使うと、別の意味と思われます。

　たとえば、「社会には集団が必要だ。グループができることで、社会が成り立つ。もし、集まりがなかったら、人は孤立してしまう」と書くと、「集団」「グループ」「集まり」が**同じ意味なのか、別の意味なのかあいまいになります**。同じ意味であれば、「集団」として同じ言葉を使うべきです。

練習問題1

　同じ意味の言葉には、同じ言葉を使って、文章をわかりやすく改めなさい。

　人間にとって住まいが大事である。住む場所があってこそ、くつろぎ、自分らしい生活を営むことができる。住処がないと自分の居場所を定めることができない。住居の大事さをもっと認識するべきである。

解答例

　人間にとって住まいが大事である。<u>住まい</u>があってこそ、くつろぎ、自分らしい生活を営むことができる。<u>住まい</u>がないと自分の居場所を定めることがで

きない。住まいの大事さをもっと認識するべきである。

解　説

　もちろん、「住まい」ではなく、「住処」「住む場所」でもよいのです。同じ言葉に統一することによってわかりやすくなります。

2　箇条書きをうまく使おう

　物事を整理して伝えるときには、箇条書きを使うことができます。文章にして長々と書くと、伝えたい点がはっきりしなくなることがありますので、上手に使うとよいでしょう。

　「最初に○○をして、次に△△をして、それから××……」と書くのでなく、「しなくてはならないこと。①○○、②△△、③××」などとするほうが、わかりやすくなります。

　ただし、個人的な手紙などで箇条書きにすると、事務的になりすぎて、読む人が不快に思うことがありますので、注意しましょう。**情報を伝えるとき、行動の順番を示すときなど**には有効ですが、むやみに使いすぎないようにします。

練習問題2

　次の文章を箇条書きに改めなさい。

　日本が敗戦後、先進国になれたのは、第一に、日本の教育制度がしっかりしていたからだと考える。また、朝鮮戦争が起こって、朝鮮半島に近い日本に軍需景気が起こったことも理由の1つだ。それに、アメリカと安全保障条約を結んで、軍事力に資金を使わなくてすんだことも挙げられる。あと、日本人の家族的な経営のあり方もあるだろう。

第1章　文章の書き方の基本を身につける

　日本が敗戦後、先進国になれた理由として、①日本の教育制度がしっかりしていた、②朝鮮戦争が起こって、朝鮮半島に近い日本に軍需景気が起こった、③アメリカと安全保障条約を結んで、軍事力に資金を使わなくてすんだ、④日本人の家族的な経営のあり方が考えられる。

　問題文では、「第一に」「また」「それに」「あと」という表現が用いられています。このような場合、①②③④と整理して、箇条書きにするとわかりやすくなります。

3　括弧を使い分けよう

　日本語の表記には、さまざまな括弧(かっこ)があります。それぞれ慣用的に役割が決まっています。

(1) 鍵括弧:「　」

　①文や言葉を引用するとき、②言葉を強調するとき、③記事などのタイトルを示すときに用います。

〈鍵括弧の例〉

①引用

　私の座右の銘(めい)は、ベートーヴェンの語った「運命の喉首をつかんでやる」という言葉だ。

②協調

　人間に大事なのは、「遊び」の感覚である。「遊び」があるからこそ、人生に喜びが生まれるのである。

③タイトル

　昨日、新聞に、「子どもにとってのSNSの危険性」という特集記事が掲載さ

れていた。

（2）二重鍵括弧：『　』

①鍵括弧内で鍵括弧の役割を表すとき、②本や芸術作品のタイトルを示すときに用います。

〈二重鍵括弧の例〉

①鍵括弧の役割（引用）

安田さんは、「その日、犯人が『金を出せ』と言っているのを聴いた」と証言した。

②タイトル

三島由紀夫の『金閣寺』

（3）括弧：（　）

補足説明を加えるときに用います。レポートや論文などでは、引用文の出典、著書の発行所、注などを示す場合に使います。

〈括弧の例〉

・出典『罪と罰　上』（ドストエフスキー　米川正夫訳　角川文庫）

練習問題3

鍵括弧を正しく使って、文章をわかりやすく改めなさい。

①　夏目漱石のこころを読んで、愛というテーマについて考えました。

②　先生に多方面から見ることが大事だというアドバイスをもらって、もう一度、文章を読み直した。

第1章　文章の書き方の基本を身につける

① 夏目漱石の『こころ』を読んで、「愛」というテーマについて考えました。

② 先生に「多方面から見ることが大事だ」というアドバイスをもらって、も
う一度、文章を読み直した。

解　説

①のように、「愛」という言葉を強調したいときには、鍵括弧を使います。
なお、本のタイトルには二重鍵括弧を使います。②では、先生の言葉に鍵括弧
を使うと、アドバイスの内容がわかりやすくなります。

原稿用紙の使い方

1 書き方の原則を知ろう

　メールを書いたり、学校や役所への提出書類を書いたりする場合には、原稿用紙を使う機会はほとんどないかもしれません。しかし、字数の目安が必要な文章やレポートなどを書く場合、ときに、原稿用紙に書くように求められることがあります。

　小学生のころから、多くの人が原稿用紙を使ってきたと思いますが、しばらく使っていない人も多いでしょう。原稿用紙の書き方のルールを忘れている人も多いかもしれません。少し復習しましょう。

　原稿用紙を使うときには、**書き出しと段落の初めは、必ずひとマス空ける**のが原則です。メールやSNSで文章を書く場合などでは、空けないまま書くことが多いので、とくに、注意しましょう。

　原則として、**ひとマスに1字**を入れます。句読点や括弧類もひとマス分をとります。

　句読点や閉じ括弧は、行の最初には書きません。行の最初になるときは、**前の行の最後のマス**に加えます。この規則を忘れている人が多いので、とくに注意しましょう。

　手書きの場合、**楷書（学校で習った活字で使われる字体）**で書くのが原則です。略字などを使わないようにしましょう。

〈悪い例〉

現	代	社	会	に	お	い	て	は	情	報	が	重	視	さ	れ	て	い	る	。
で	は	、	情	報	と	は	そ	も	そ	も	い	か	な	る	も	の	な	の	か
。	考	え	て	み	た	い	。												
情	報	と	は	、	あ	る	事	柄	に	つ	い	て	の	内	容	や	状	況	に

〈修正例〉

書き出しはひとマス空ける。

句読点は前の行の
マスに加える。

段落の初めもひとマス空ける。

<h2>2 縦書き・横書きの違いを知ろう</h2>

　原稿用紙には、縦書き用と横書き用があります。かつてはほとんどが縦書き
でしたが、現在では、両方が同じ程度に使われているようです。書き方にほと
んど違いはありませんが、いくつかの点で注意が必要です。

①縦書きの場合

　数字を書くときには、原則として**漢数字**を用います。

②横書きの場合

　アルファベットを書くときには、ひとマスに2字入れるのが一般的です。

　数字を書くときには、**算用数字**を用いて、ひとマスに2字入れます。

〈縦書きの例〉

二〇二〇年

〈横書きの例〉

Th	is		is		a		pe	n.

20	20	年			

第1章　文章の書き方の基本を身につける

練習問題

原稿用紙の正しい書き方を守って書き改めなさい。

	2	0	1	8	年	の	8	月	に	私	は	初	め	て	外	国	に	行	っ
た	。	中	国	だ	。	北	京	空	港	に	到	着	し	た	と	き	の	こ	と	は	よ
く	覚	え	て	い	る	。													

解答例

	2018	年	の	8	月	に	私	は	初	め	て	外	国	に	行	っ	た	。
中	国	だ	。		北	京	空	港	に	到	着	し	た	と	き	の	こ	と	は	よ
く	覚	え	て	い	る	。												

解　説

　原則として数字はひとマスに2文字入れます。句読点もひとマス使うのが原則です。

メールを書くときの注意点

1 メールのルールを知ろう

　インターネットを利用する場合、友だち・仲間とのプライベートのやり取りであれば、LINEなどのSNSを用いる人が多いでしょう。しかし、プライベート以外のやり取りでは、SNSよりもメールを使うことが一般的でしょう。

　メールは、SNSとは異なり、いくつかのルールがあります。

（1）件名を付ける

　まず、きちんと件名を付けるというルールがあります。件名は、メールの内容を整理する場合に不可欠なものです。

〈件名の例〉

・明日5月24日の欠席の連絡

・明日6月22日の授業の進め方について

　件名を「ご連絡」などとすると、一般的すぎて後で内容を整理できません。どのような内容なのかがわかるように、具体的に書くことを勧めます。

（2）宛名を書く

　メールの文章の初めには、宛名を入れるのが原則です。

〈宛名の例〉

・樋口裕一様

・咲子さん

　相手の名前がわからないときには、「経理係担当者様」などというような、肩書で書くこともできます。

（3）ひと言の挨拶で始める

　メールには、時候の挨拶（第2章第3節第2項参照）などは必要とされていません。しかし、相手が目上の人であったり、よく知らない人であったりする場合は、何の前置きもなしに用件に入るのはためらわれる場合があります。まず、ひと言の挨拶を書きましょう。

〈挨拶の例〉

・いつもお世話になっております。

・突然のご連絡、失礼いたします。

・お忙しいところ、誠に申し訳ありません。

（4）締めの文を加える

　締めの文もあるほうがようでしょう。次のような決まり文句で十分です。

〈締めの例〉

・今後ともよろしくお願いいたします。

・ご返事をお待ちします。

・よろしくお願いします。

・（急いでいるとき）取り急ぎ、用件のみにて失礼いたします。

　急いでいるときには、「御礼まで」などという表現もあります。

（5）自分の名前を書く（署名）

　最後に、自分の名前を示すのを忘れないようにしましょう。SNSと同じような感覚で名前を示さないままにすると、相手には、誰からメールが来たのかわからないことがあります。

　必要な場合には、自分の電話番号や所属も示します。

〈署名の例〉

樋口裕一

樋口裕一
E-mail　○○○@○○○
Tᴇʟ　○○○@○○○

樋口裕一
白藍塾・塾長
〒161-××××　東京都新宿区下落合○－×－18－208
Tᴇʟ　03－××××－××××
E-mail　○○○@○○○
URL　https://hakuranjuku.co.jp

2 メールの書き方を知ろう

　メールは、基本的に、ビジネスや情報交換、事務連絡に用いられます。したがって、余計なことは書かずに、**用件のみを短くまとめる**ほうがよいでしょう。文章として長々と書くよりも、1行ずつを短くして、**箇条書きにする**ほうが伝わりやすくなります。

〈悪い例〉

件名：
前略。やっと朝晩は涼しく感じられるきょうこの頃ですね。皆さん、お元気ですかー。ところで、次回6月18日定例会の二次会の場所をどこにするか迷っていまーす。前回の居酒屋マルセイは狭くて音がうるさいので次回は別の場所にしてっていう声が一部から上がりました（笑）。そこで、前回

の場所の少し先の踏切の近くにある地中海居酒屋メディテラネにしたいと思ってます。いいですか？　もし、ほかにおすすめの店があったら連絡ください。メディテラネでよかったら、私のほうで予約しておきます。
ではまた何かありましたら、連絡ください。

〈修正例〉

件名：6月18日定例会の二次会の場所につきまして
皆様
お久しぶりです。お元気ですか。
次回の二次会の件ですが、前回の居酒屋マルセイが不評（？）だったため、以下の場所を考えています。

地中海居酒屋メディテラネ　（マルセイの先の踏切横）

ほかにおすすめのお店がありましたら、お知らせください。
ご返事お待ちします。

〇川〇夫
080－×××××－××××

練習問題

　次の文章は、高齢の人が書いたはがきです。はがきの内容をメールにふさわしい文章に改めなさい。
　桜の季節も終わり、徐々に暖かくなってまいりましたが、皆様、お元気にお過ごしでしょうか。

私が10数年前から植物の写真を趣味で撮ってまいりましたこと、皆様には、それとなくお伝えしてきました。ところがこのたび、自宅近くの親しくしているカフェのご主人と知り合いになり、私の写真を見せましたところ、私としましてはとてもうれしいことに、カフェでひと月間ほど、私の写真コーナーを設けてくださることが決まりました。

　もちろん、素人が暇にまかせて撮影したつたない写真でございますので、皆様のお目を汚すだけのこととは存じますが、近くにおいでになることがありましたら、足を運んでいただけますと、うれしく存じます。

　50枚ほどの季節の花々の写真が中心です。私の腕のほどはともかく、花の美しさをぜひとも皆様に味わっていただければと存じます。

　期間は6月12日から7月11日まで、場所は京王線京王永山駅から徒歩で3分ほどのカフェ「永山珈琲店」です。開店時間は11時から21時までです。なお、定休日は毎週月曜日だとのことでございます。地図を同封いたします。

　皆様のますますのご健康をお祈りいたします。

〇山〇子

解答例

件名：小さな写真展のお知らせ

皆様、いかがおすごしでしょうか。

私は10数年前から植物の写真を趣味で撮ってまいりましたが、

この度、機会をいただいて、

自宅近くのカフェで私の写真コーナーを設けてくださることが決まりました。

近くにおいでになることがありましたら、

足を運んでいただけますと、うれしく存じます。

写真展示

場所　カフェ「永山珈琲店」（京王線京王永山駅から徒歩で3分）

期間　6月12日〜7月11日　（開店時間　11時〜21時　毎週月曜日定休日）

展示内容　50枚ほどの季節の花々の写真

カフェ「永山珈琲店」
URL：https//…………

私の腕のほどはともかく、
花の美しさをぜひとも皆様に味わっていただければと存じます。
皆様のますますのご健康をお祈りいたします。

〇山〇子

解　説

　メールの書き方については、第2章以降で詳しく説明します。

SNSを書くときの注意点

1 なれなれしい文体にならないようにしよう

　SNSの場合、友だち・仲間同士でやり取りをすることが多いでしょう。場合によっては、家族などの親しい人のこともあるでしょう。

　しかし、なれなれしい文体で、口頭で話しているときのように書くと、ぶっきらぼうになったり、説明不足になったりします。その結果、**誤解が生まれたり、感情的な衝突が起こったりします**。

　必ずしも敬体を使って書く必要はありませんが、ある程度は丁寧に、きちんと説明するように書く必要があります。

　なれなれしい文体にすると、説明を省いたり、感情的になったりしがちです。とくに、親しい人ではないときには、できれば敬体を用いて、丁寧に書くほうが無難です。

2 読んでいる人の範囲を意識しよう

　文章は、口頭で話すのとは違って、後に残ります。とくに、SNSに書き込む場合、後に残るだけでなく、外に漏れることがあります。たとえ限られた人しか読まないように設定していても、ほかの人に漏れることがあります。設定がなければ、世界中に発信したことになります。

　SNS上にプライベートなことが書かれていたら、場合によっては全員が知ることになる可能性もあります。つまり、自分の秘密や自分が書いた他人の秘密を皆が知ることになる可能性もあるのです。場合によっては、情報が漏れたことが原因で、つらい思いをする人も出てくるかもしれません。

　また、他人の著作権に配慮することも大事です。他人のSNSの文章を引用したり、写真や動画をアップしたりすると、著作権を侵害することにもなるのです。著作権は大事な権利であり、最大限に尊重しなければなりません。著作

権を侵害すると、悪気はなくても法律違反に問われることがありますので、注意しましょう。

SNS の危険性を考えて、文章を書く必要があります。

練習問題

　次の文章は**SNS**に投稿されたものですが、いずれも好ましくありません。**理由を考えなさい**。

① 　今度の日曜日に駅前で盆踊り。私の部屋はその真正面のマンションの6階なので、ちょっとうるさいけど、窓から見えます。楽しみ。

② 　A駅前のレストランBB。ここのハンバーグ、まずい。この店、プロの資格なし。いったい、これでよく客が入るもんだ。

③ 　M社のSさんは離婚したばっかりだと知って、ますます尊敬。そんなことは顔に出さずにてきぱき働いてる。

解答例

① 　自分のプライバシーが知られる恐れがある。調べれば、どの駅か、どのマンションか知られてしまう。

② 　おいしくなかったことは本当のことで仕方がないとしても、「プロの資格なし」などと書くと中傷になる。

③ 　他人のプライバシーを明かしている。

解　説

　軽い気持ちで書いても、SNSに書かれた内容は人を傷つけることがあります。プライバシーを明かすこともあります。十分に注意する必要があります。

第 2 章

学校生活のなかで
「伝わる文章」の力をつける

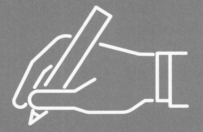

先生とのコミュニケーションで力をつける

1 伝わる文章を書くトレーニングをしてみよう

就職活動のときだけよい文章を書こうとがんばっても、なかなか思いどおりには行きません。やはり、普段から伝わる文章を書こうと意識することが大切です。1日のうちで多くの時間を過ごすであろう学校での生活のなかで、伝わる文章を書くトレーニングをしてみましょう。

まず、学校の先生との文章コミュニケーションに注目してみましょう。先生は自分より年上で、専門の知識や技術を教えてくださる人です。**企業や店舗に就職したときの、上司にあたる立場の人とも考えられるでしょう。**

自分と先生の関係性を頭に置きながら、不適切な文章コミュニケーションをとらないように、次項以降の点に注意しましょう。

2 あだ名や「ちゃん」付けを避けよう

学校の先生には、若くて自分と年齢の近い人もいるでしょう。年齢は離れていても、親しみやすい性格の先生もいると思います。年齢の近い先生や親しみやすい性格の先生に対しては、つい、相手の立場を忘れて、友だち感覚のコミュニケーションをとってしまいがちです。

クイズ1 ▶ NGワードを探そう！

次の文章は、学生から先生への遅刻連絡メールです。この文章には、学校の先生や職場の上司とのやり取りに使ってはいけない言葉が複数含まれています。さて、いくつあるでしょうか。

> 美咲ちゃん、ごめんなさい！
> 人身事故とかで電車止まっちゃったの。

> 30分ぐらい遅れるね。
> 亜里沙

ヒント

「とか」というのは話し言葉なので、先生や上司に送るメールに使うのは適切ではありません。そのほかの使ってはいけない言葉を探してみましょう。

答え

6つ（美咲ちゃん／ごめんなさい！／とか／止まっちゃったの／遅れるね／亜里沙）

解説

メールでは、相手を「ちゃん」付けにするのは適切ではありません。宛名は相手が誰であろうとも、**敬称を使います**。相手が先生の場合には「先生」を使いましょう。文章は原則として**敬体（「です・ます」調）**でまとめます。やり取りに、**名字ではなく名前のみを記載するのも適切ではありません**。

迷惑をかけていることを自覚している点、遅延の理由を伝えられている点は評価できるので、この点をもう少し具体的に説明できるとよいでしょう。就職活動中に、やむを得ず遅刻する場合の連絡メールとしても、十分通用する文章になります。

〈よいメールの例〉

> 鈴木美咲先生
> おはようございます。
> 1年C組の山田亜里沙です。
> 通学に利用している西武新宿線が

人身事故の影響で現在運転を見合わせています。

あと10分ほどで運転再開とのことですので、

1時間目の授業は30分ほど遅れます。

授業が途中参加になってしまいご迷惑をおかけします。

お許しください。

よろしくお願い申し上げます。

1年C組

山田亜里沙

3 友だち同士で普段使っている言葉は避けよう

　若者言葉といわれるものには、短くておもしろく、ユーモアのセンスにあふれるものもありますが、やはり、仕事でのやり取りなど、社会人の文章コミュニケーションでは使用するべきではありません。

　次の例は、先生からのメールと学生からの返信です。

山田さんへ

こんばんは。

担任の鈴木です。

本日提出のあった「就活レポート」ですが、

訪問先の企業名と訪問日の未記入のままです。

明日1時間目が始まる前までに職員室に取りに来てください。

よろしくお願いします。

○○専門学校△△コース

1年C組担任

鈴木美咲

〈悪い返信の例〉

> ぴえん。

　友だち同士で普段使っている言葉ばかりに慣れていると、だんだんに感覚が麻痺して、場面に関係なく無自覚になります。友人同士のSNS上のやり取りではよいとしても、相手によっては、使用すると失礼にあたることを知っておきましょう。

　仕事に就いたら、上司、取引先、お客様との文章コミュニケーションに若者言葉は使用してはいけません。年齢の高い人を戸惑わせるだけでなく、常識のない人と思われます。

〈よい返信の例〉

> 鈴木先生
> いつもお世話になっております。
> 1年C組の山田亜里沙です。
> ご多忙の折、ご連絡ありがとうございます。
> 本日提出の「就活レポート」に不備があり、
> 大変失礼いたしました。
> 明日8時15分に職員室にレポートを受け取りに伺います。
> 1時間目開始前までに必要事項を記入し、再度提出いたします。
> お手数をかけてしまい、本当に申し訳ございません。
> 明日はどうぞよろしくお願い申し上げます。
> 1年C組
> 山田亜里沙

4 絵文字やスタンプを使わないようにしよう

　学校でも、連絡にLINEなどのSNSを活用することも多いようです。SNSでは、表現に絵文字やスタンプを多用できますが、やはり、友だち以外の人とのコミュニケーションでは、慎むほうがよいでしょう。

　次の例は、学生からのSNSでの連絡です。

> 鈴木先生♥
> いつもお世話になっております。
> 1年Ｃ組の山田亜里沙です。
> 本日「就活レポート」を出したつもりでしたが、
> 間違えて昨日出した「実習レポート」をまた出しちゃいました 😭
> 明日早起きして、ダッシュで学校に向かいます。
> 着いたらすぐに先生のところに
> 「就活レポート」を持っていきますね 😁
> 中身を見ないで出してしまい、マジで、ごめんなさい 🙇
> 1年Ｃ組
> 山田亜里沙

　絵文字やスタンプは、文章にするのが難しい微妙な感情を表現できるため、コミュニケーションの幅を広げられるというよい面はあります。しかし、仕事のコミュニケーションに用いると、非常識と思われます。学校に在籍している間に、絵文字やスタンプを使わずに、**用件や気持ちをわかりやすく文章で伝える努力**をしましょう。

COLUMN
先生にも絵文字やスタンプを使用してよいこともある？

　先生とのコミュニケーションであっても、先生に心配をかけないように配慮をした絵文字やスタンプの使用は許されるかもしれません。

　ある先生は、学生から退学しようかどうか悩んでいるという深刻な連絡をLINEで受けたそうです。そこで、「明日相談に乗るから学校に来てください」と返したところ、「ありがとうございます 😊 」とにっこりマークを添えてあったので、まだ、気持ちは折れていないと思えて、ひとまず安心できたそうです。

　絵文字やスタンプは、社会人のコミュニケーションとしては禁じられますが、相手を思いやり、例外的に使用できる柔軟性を備えられると、かなりのコミュニケーション上手といえるかもしれません。

〈よい連絡の例〉

> 鈴木先生
> いつもお世話になっております。
> １年Ｃ組の山田亜里沙です。
> 本日「就活レポート」を提出したつもりでしたが、
> 誤ってすでに提出済みの「実習レポート」を出してしまいました。
> 大変失礼いたしました。
> 明日登校しましたら、すぐに「就活レポート」を提出に伺います。
> 中身を確認せずに提出してしまい、申し訳ございませんでした。
> 以後同じミスをしないように十分に注意いたします。
> 明日はどうぞよろしくお願い申し上げます。
> １年Ｃ組
> 山田亜里沙

第２章　学校生活のなかで「伝わる文章」の力をつける

5 単語だけですませず文にしよう

　用件を伝える際に、単語の羅列だけですませようとする若者が増えているようです。たしかに、できるかぎり短くまとめることは、相手に読む手間をあまりとらせないために大事な配慮ではあります。しかし、単語の羅列だけでは、礼儀を欠いた態度と受け取られます。

　次の例は、学生からの風邪のため欠席を伝えるメールです。

> 熱、せき、しょんどい、休み。川田

　社会に出てからは、仕事で接する相手に対しては、一定の礼儀をもって接する必要があります。文字で用件を伝える場合には、「です・ます」調の丁寧語を用いて文章にまとめることが最低限のマナーと心得ましょう。

〈よいメールの例〉

> 鈴木先生
> おはようございます。
> 1年Ｂ組の川田翔太です。
> 昨晩から咳が止まらず、今朝熱を測ったところ、38度ありました。
> そのため本日は学校をお休みにします。
> 明日も体調がすぐれない場合には、必ず朝にご連絡するようにします。
> よろしくお願い申し上げます。
> 1年Ｂ組
> 川田翔太

6 いくつもの用件を混ぜないようにしよう

　メールやSNSで用件を伝える場合には、思いつくままに何でも伝えようとするのではなく、原則として、**1回のメッセージにつき1つの用件**と考えてください。なお、1回のメッセージで複数の用件を伝える場合には、見出しや番

号を付けて用件ごとに明確に分けて伝えると、読む人にもわかりやすくなります。

クイズ2 ▶ 用件がいくつか数えよう！

　次の文章は、いくつかの用件を一度に伝えようとして失敗したメールの例です。さて、用件はいくつだったのでしょうか。大きく分けるといくつか、細かく分けるといくつか、それぞれ考えてください。

鈴木先生
こんばんは。1年B組の川田翔太です。
今日は企業研究の参考になる本を教えてくれてありがとうございました。
私は3日間のインターンシップのコースに申し込みたいと思っています。
実は夕方から少しだるくなってきて熱を測ったら38度ありました。
ところでインターンシップに持参する印鑑は100均で買ったものでもよいのでしょうか。
明日は学校を休むつもりです。おやすみなさい。

ヒント

　インターンシップに関する報告と質問をひとまとまりと考えると、大きく分けた場合の数はわかるはずです。

答え

・大きく分けると3つ（推薦図書に対するお礼／インターンシップに関する報告と質問／欠席の連絡）
・細かく分けると4つ（推薦図書に対するお礼／インターンシップの申込コース／インターンシップの持ち物に関する質問／欠席の連絡）

　複数の用件を思いつくまま伝えています。読み手は冷静に読み解かないと書き手の伝えたい内容を理解できません。用件ごとに分けてメールを送るか、テーマごとに明確に分けて伝えるとよいでしょう。

〈よいメールの例1〉 欠席連絡のみでまとめる

鈴木先生

夜分に失礼します。1年B組の川田翔太です。

実は夕方から少しだるくなってきて熱を測ったところ38度ありました。

そのため明日は学校を休みたいと思います。

病院に行ってから、1日安静にしているつもりです。

明後日も快復をしていないようでしたら、またご連絡を差し上げます。

よろしくお願い申し上げます。

1年B組

川田翔太

〈よいメールの例2〉 テーマごとに分けてまとめる

鈴木先生

夜分に失礼します。1年B組の川田翔太です。

1）推薦図書のお礼

　本日は企業研究の参考になる本を教えてくださりありがとうございました。

　早速図書室で借りて、読み出しています。

2）インターンシップに関すること

・申込コース

　私は3日間のコースに申し込みたいと思っています。

よろしくお願いいたします。

・質問

持参する印鑑は100均で買ったものでもよいのでしょうか。

お知らせいただけると幸いです。

3）欠席のお届け

本日夕方から少しだるくなってきて熱を測ったところ38度ありました。

そのため明日は学校を休みたいと思います。

病院に行ってから、1日安静にしているつもりです。

明後日も快復をしていないようでしたら、またご連絡を差し上げます。

以上、よろしくお願い申し上げます。

1年B組

川田翔太

7　約束を守れないときは相手を気づかおう

　最近の若い人は、友だち同士の約束に関しては律儀に守ろうとする一方で、病院や美容室の予約、荷物の受け取りなど、世間一般との約束は、とくに理由もなく破る傾向があるようです。

　最近は、学校の先生とのさまざまな約束も、平気で破る学生が増えているという声を聞きます。

　次の例は、先生の取り計らいで実現した会社見学を欠席することを伝える、学生からのメールです。

鈴木先生

いつもお世話になっております。

1年C組の山田亜里沙です。

明日の○○会社の見学ですが、急に行けなくなりました。

美容室の予約をこの日に変更したためです。

よろしくお願いいたします。

1年C組

山田亜里沙

　先生の人脈を通じて、せっかく紹介してもらった会社見学の約束を、何でもない理由で破ってしまうのは悪い対応です。**自分の不義理な対応が、先生に迷惑をかけ、紹介先との関係を悪くさせることになります。**社会に出ても不義理な対応を続けると、確実に信用を失います。

　もちろん、嘘をついてはいけませんが、断りの理由が「美容室に行くため」では、苦労して見学先を用意した先生をさらに残念な気持ちにさせてしまいます。読んだときに相手がどう思うのか、**相手の気持ちを思いやって断りの理由を伝えなくてはなりません。**文章を書くときは、気づかいもできることを目指しましょう。

　次の例も、先生の取り計らいで実現した会社見学を欠席することを伝える、学生からのメールです。

鈴木先生

いつもお世話になっております。

1年C組の山田亜里沙です。

明日の○○会社の見学ですが、母と相談の上、今回は辞退することにしました。

母が旅行の買い物にどうしても付き合ってほしいというのです。

ごめんなさい。

1年C組

山田亜里沙

　本人の事情ではなく、母親の事情で約束を破るのも大いに問題があります。「買い物に付き合うため」という理由も非常識ですが、会社見学を辞退する決定に、本人の考えがまったくないことがさらに問題です。

　家庭の事情で辞退することになっても、決めるのはあくまで本人ですので、本人の判断を示す必要があります。また、無礼なことをした償いをどうするかも、本人が考えて示す必要があります。

〈よいメールの例〉

鈴木先生
いつもお世話になっております。
１年Ｃ組の山田亜里沙です。
明日の○○会社の見学ですが、急に行けなくなりました。
深くお詫び申し上げます。
母の容体がだいぶ悪く、高熱が出たまま下がりません。
近くに大きな病院がありませんので、少し離れた病院まで
私が車で連れていきたいと思います。
鈴木先生にせっかく取り計らっていただいた○○会社の見学を
私も楽しみにしていたので、明日参加できずに本当に残念です。
○○会社ご担当者様には、後日私から詫び状を送付したいと思います。
お送りする前に改めて先生にご連絡させていただきます。
どうぞよろしくお願い申し上げます。
１年Ｃ組
山田亜里沙

自分の考えを出さない？

　学校に進学してもなお、親離れができていない学生が増えているようです。友だち親子と呼ばれ、親も子もいつまでも相手から離れられないこともあります。

　家族の仲がよいのは幸せなことですが、親の影響力が強すぎて、学生自身がまったく自分で考えられないようでは困ります。自分の考えを示せないようでは、もちろん、就職活動もうまくいきません。

「質問」と「感想」で力をつける

1 文章を書く機会を役立てよう

　学校生活の中には、文章を書く機会がたくさんあります。試験や提出課題以外では、「質問」と「感想」を書く場面が多いのではないでしょうか。授業後に、リアクションペーパーや授業アンケートを通じて質問・感想を求められることと思います。

　以下、さまざまな場面に応じた、よい質問・よい感想のまとめ方を確認していきます。

2 授業の内容について質問しよう

　授業でわからないことがあれば、その場ですぐに質問をして解決するのが一番ですが、なかなか質問のできないことも多いはずです。その場合には、メール等を通じて質問を送るといいでしょう。リアクションペーパーが配付される授業や、質問シートが教室に設置されている場合には、それを利用します。

　次の例は、ある学生が、ビジネス文章の書き方を学ぶ授業に出席したときのものです。

　この授業では、ビジネスレターを書く際に、相手に対する敬称は基本的には、「様」を用いると習いました。ところが、学生がアルバイトをする和菓子店では、顧客に送る商品案内レターの宛名の敬称は、「殿」を用いていました。学生は、授業内容に疑問を感じ、次のようにメールで質問をしました。

小川先生

「殿」は間違いですか？

1年C組

山田亜里沙

授業後すぐにこのメールを読めれば、先生も何についてかわかり、速やかに返答できるでしょう。しかし、授業後時間が経ってからでは、質問と授業の内容がすぐには結びつきません。先生は、返信内容をまとめるまでに、何のことなのか思いめぐらせることになります。

　先生にこうした煩わしい思いをさせないためには、**疑問に思った授業内容を簡単にまとめたうえで質問をする**とよいでしょう。また、ただ質問を投げるだけでなく、なぜ疑問に思ったのか、**理由も添える**と、先生もより返信しやすいはずです。

　加えてもう1つのアドバイスとして、先生が気持ちよく回答できるように、最初に日ごろの教育に関する感謝の思いをひと言添えると、よりよいでしょう。

〈よい質問の例〉

> 小川先生
> いつもご指導いただきありがとうございます。
> 1年C組の山田亜里沙です。
> ○月×日の授業内容について質問があります。
> ビジネスレターを書く際の相手の敬称は「様」を用いるのが慣例とお話しされました。
> ところが、私がアルバイトをする老舗の和菓子店では、お客様に送る商品案内などのビジネスレターでは、一律で「殿」を使っています。
> これは間違いなのでしょうか。
> ご多忙の中、恐れ入りますが、ご回答お願いいたします。
> よろしくお願い申し上げます。
> 1年C組
> 山田亜里沙

（※）「殿」は、一般的には目下の者に付ける敬称と理解されています。しかし、企

業・業界によっては、昔からの慣習で「殿」を最上の敬称と解釈し、お客様には一律「殿」を用いる場合があります。就職をしたら、まずは、勤務する企業・業界の慣習に従うようにしましょう。

3　授業内容以外の質問をしよう

　目標に向かって学習を進めていくなかで、授業内容ではなくても疑問に思う点が出てきて、専門科目の先生に質問したいときもあると思います。

　質問をしたい先生とすぐに連絡がとれない場合には、質問内容を文章にまとめて、メールか質問シートで尋ねるとよいでしょう。口頭で尋ねる場合でも、あらかじめ文章で整理しておくと、よりわかりやすく質問を伝えられるでしょう。

クイズ1 ▶ 改善点を探そう！

　次の文章は、介護福祉系の学校に通う学生から介護福祉専門の先生へのメールです。実習施設で高齢者の介護を2人組で行っていた際に、高齢者に「○○さん（介護のパートナー）の声は聞き取れるのに、岡田さん（自分）の声は聞き取れない」と、言われたことから、聴力が低くなった高齢者が聞き取りやすい声質や音の高さがあるのかどうかを疑問に思い、先生に質問しました。

　この文章には、よくない点があります。さて、どこでしょうか。理由も考えてみましょう。

> 市川先生
> お忙しい中、失礼いたします。
> 介護福祉科1年の岡田早紀です。
> 本日、介護実習に行ってきました。
> そこで疑問に思ったことがあるので今度教えてもらえますか。
> よろしくお願い申し上げます。
> 介護福祉科1年
> 岡田早紀

市川先生は、岡田さんが介護実習先で毎日に何をしているのか、報告を受けているわけではありません。その点を考えると、説明として何が不足しているのかがわかるはずです。

答　え

・よくない点：具体的な質問内容を書いていない点
・理由：先生に余計に手間をかけてしまうから。
　　　　疑問解消に時間がかかってしまうから。

解　説

次に会ったときに教えてほしいということを伝えているのでしょうが、あまりにも不親切なお願いの仕方です。回答は会ったときに聞くとしても、あらかじめ、具体的に何を質問したいのかを伝えるようにしましょう。そうすれば、先生も回答を準備することができます。

先生が専門としている内容でも、調べないと適切に回答できない質問もあります。そうだった場合、もう1回、先生とコンタクトをとらなくてはいけなくなり、疑問解消にもさらに時間がかかります。

〈よい質問メールの例〉

市川先生
お忙しい中、失礼いたします。
介護福祉科1年の岡田早紀です。
現在介護実習に行っています。
そこで疑問に感じた点があるので教えていただけないでしょうか。
実習先で、ある高齢者のお食事介助を2人ペアで行いました。
その方はだいぶ耳が聞こえにくいようで、

私が話しかけても反応が鈍く、よく聞こえない様子でした。

しかしもう1人のパートナーの話しかけることは

問題なく聞こえるようでした。

高齢者が聞き取りやすい声質や音の高さというのはあるのでしょうか。

この点を次の授業の前後で構いませんので教えてください。

よろしくお願い申し上げます。

介護福祉科1年

岡田早紀

（※）高齢になると、高い音が聞き取りにくくなります。したがって、高齢者には、低い声で、ゆっくり、はっきりとした発音で話しかけるほうがよいようです。

4 卒業生に質問をしよう

　多くの学校では、さまざまな就職活動支援を行っています。学校に卒業生を招いて、就職活動の話や現在の勤め先の話など、体験談を聞く機会が得られることもあるでしょう。

　卒業生に直接質問できる場合もあると思いますが、メールや手紙で質問に答えてもらう場合も多いでしょう。

　次の例は、コンピュータ専門学校で学ぶ学生が、ゲームプログラマーとして活躍する卒業生に送った質問状です。

20××年×月△日

池山良哉様

○○コンピュータ専門学校

ゲームプログラマーコース2年

鈴木智樹

　初めてお便りします。

　○○コンピュータ専門学校ゲームプログラマーコース2年の鈴木智樹で

す。3つ質問します。

1. 一番好きなゲームは何ですか
2. 今ハマっているゲームは何ですか
3. どんなゲームを作っているのですか
　よろしくお願いいたします。

　もちろん、ゲーム好き同士のはずですから、ゲームに関することを聞きたいのは理解できます。1・2・3の内容を聞くこと自体は問題ありません。

　ただし、学校がわざわざ卒業生を紹介してくれたのは、**質問の機会を学生自身の就職活動に役立ててほしいからです**。このねらいを忘れず念頭に置いて、質問する必要があります。就職活動に関することを正面から尋ねる質問を加えてみましょう。

　また、ゲームに関することを質問する場合には、なぜそのように思うのか理由も尋ねると、プロの見方・考え方・感性などに触れられて、将来の目標に向かって自分を磨くための参考になるでしょう。

〈よい質問状の例〉

20××年×月△日

池山良哉様

○○コンピュータ専門学校
ゲームプログラマーコース2年
鈴木智樹

　初めてお便りします。
　○○コンピュータ専門学校ゲームプログラマーコース2年の鈴木智樹です。
　私も池山さんのように、ゲームプログラマーになることを目標としています。

　そこで、いくつか質問をさせてください。

1.　本校在籍中に、特に力を入れて学んだことは何ですか。

2.　就職活動を成功に導く秘訣を教えてください。

3.　今熱中しているゲームがありましたら教えてください。また、その
　　ゲームのどういった点に魅力を感じていらっしゃるのかを合わせて教
　　えてください。

4.　ゲームプログラマーの仕事で一番やりがいを感じるのはどんなときで
　　すか。

5.　これから先、お仕事で達成したい夢がありましたら教えてください。
　　以上です。

　お忙しいところ、恐縮ではございますが、ご回答を心よりお待ちしてお
ります。

　よろしくお願い申し上げます。

5　ゲスト講師の特別授業について感想を書こう

　学校では、外部から招いたゲスト講師の特別授業が行われることもあるで
しょう。特別授業の後には、たいてい受講の感想を求められます。

　特別授業の感想を、「とてもよかった」のひと言で片づけたりしてはいけま
せん。よい文章トレーニングの機会と思い、がんばって具体的な感想を書くよ
うに心がけましょう。

　次の例は、美容専門学校で、第一線で活躍する美容師を招いて「カット技術
を磨くには」をテーマに、実践を交えながら講義を受けた後に書いた受講の感
想です。

　めちゃめちゃかっこよかったです。

　今度東京に行ったら、伊沢先生のサロンでカットしてもらいたいと思い
ました。

もちろん、客として行ってみたいと書いているのですから、受け取った講師は悪い気はしません。ただし、講義の内容にまったく触れていないので、感想としては物足りません。

　これからプロの美容師を目指す者として、**特別講義から何を得たのか、夢を実現するうえでどのように役立ったのか**を盛り込めると、講師も特別講義をしたかいがあったと思えるでしょう。

　なお、受講感想は、学校を通じて特別講師の手に渡ることを想定して、最初か最後に感謝の意を添えておくとよいでしょう。

〈よい感想の例〉

> 　本日は、貴重なお話しとともに、素晴らしいカット技術をご披露いただき、本当にありがとうございました。
>
> 　第一線で活躍される美容師の方は持って生まれた才能の持ち主かと思っていましたが、先生は子どもの頃から特に手先が器用というわけではなかったと伺い、とても驚きました。そして、「カット技術を磨くためには、基礎の反復が何よりも大事で、それができれば、新しい技術を取り入れることも、流行にあわせてアレンジをすることもそれほど大変ではない」とおっしゃっていたのを聞いて、とても勇気をもらいました。
>
> 　私は好きで美容師を目指しましたが、果たして自分に才能があるのか、そして歳をとっても流行遅れになることなく、お客様に満足してもらえる技術を提供し続けられるのかと不安に思っていました。本日伊沢先生の話を聞いて、基礎力を徹底的に身に付ければ、長く美容師を続けられると確信を持てるようになりました。
>
> 　本日実践を通して教えてくださったポイントを踏まえて、基礎力を徹底的に身に付けたいと思います。そして将来は先生のように、いつまで第一線で活躍できる美容師になりたいと思います。

6　ゲスト講師の特別授業が不満だったときの感想を書こう

　ゲスト講師の講演・特別授業が、満足のいかないこともあると思います。満足できなかった場合は、あまり感想を書きたくないでしょう。しかし、そんなときでも何も書かずにすませようとせず、何かしらの感想を書くことを心がけてください。

　不満を持ったのに、満足したなどと嘘を書く必要はありません。不満の感想を書いてください。ただし、一定の配慮が必要であることを覚えておきましょう。

　次の例は、デザイン系専門学校で、企業経営者を招いて「リーダーシップを発揮するには」をテーマに、講義を受けた後に書いた受講の感想です。

> 　難しい話ばかりで全然おもしろくありませんでした。
> 　最初のうちは緊張していたので聞いていましたが、途中から集中力が続かず、早く終わらないかと時計ばかりを見ていました。
> 　もっとおもしろい話を聞きたかったです。

　この学生には、講義が難しく感じたようです。しかし、おもしろくないと書くだけでは、何の役にも立ちません。せっかく、時間を費やして感想を書くのですから、**何かしらの役に立てることを目指しましょう**。

　なぜ、おもしろくなかったのかを考えてみましょう。難しい話ばかりだったと書いていますが、なぜ、難しく感じたのでしょうか。

　講師側に問題があるとすれば、聴き手である学生の興味・関心、持っている知識を考慮せずに、堅苦しい企業経営の話ばかりをしたことが考えられます。

　学生側に問題があるとすれば、普段からもっと社会に目を向けておくと、もう少し聞きやすかったことが考えられます。あらかじめ、ゲスト講師の肩書きを知らされていたのでしょうから、特別講義の前に、講師の経営する企業のことを少しでも調べておけば、もう少し聞きやすかったかもしれません。企業のホームページに軽く目を通す程度であれば、それほど時間をとられることもなく予習ができます。

第2章　学校生活のなかで「伝わる文章」の力をつける

講師を責めるだけでなく、**自分自身の課題も見つけてまとめられると、価値の高い感想となる**でしょう。

〈よい感想の例〉

> 　本日の太田先生のお話は、私には難しく感じました。
> 　企業経営者のお立場からリーダーシップをどう発揮するのがよいかをお話しいただきましたが、話題にしていただいたインフラ整備事業のお話がよくわからず、お話の背景をイメージすることができませんでした。もしも私たちの目指すデザイン系の企業を例にしたお話であれば、もっと理解しやすかったかもしれません。
> 　ただ、あらためて、自分自身の勉強不足も痛感しました。普段からニュースなどに目を通し社会常識を身に付けておけば、もっとよく理解できたかもしれません。また、太田先生の会社情報を事前にインターネットで調べておけば、だいぶわかりやすかったのではないかと思います。今度また特別講師の方の講演を聴く機会がありましたら、予習をして臨みたいと思いました。

7　上映会・展示会などの学内イベントについて感想を書こう

　学校内で専門的な学びに役に立てるため、映画の上映会などが開かれることもあるでしょう。授業の一環として上映会が開かれた場合には、やはり、鑑賞後に感想を書くことが求められます。ポイントをおさえて書くと、よい内容にまとめられます。

　次の例は、看護系の専門学校で、『人生、ただいま修業中』（ニコラ・フィリベール監督）というフランスの看護学校を描いたドキュメンタリー映画が上映された後に書いた感想です。

> とてもよかったです。
>
> 　誰かのために働くことを選んだ若き看護師の卵たちの日々を描いたドキュメンタリーと学校の案内に書いてありましたが、本当にそうだと思いました。

　あらかじめ伝えられている情報をただ繰り返しているだけで、自分の感想はいっさい述べていません。「とてもよかった」「本当にそうだと思った」など、どんな場面にも便利な感想を述べていますが、まったく説得力がありません。

　たしかに、映画を1回観ただけでうまく要点をつかんだ感想を書くのは、難しいことです。しかし、見当違いの感想でも問題ありません。映画の主題ではないことでもいいので、何かしら自分なりの感想を書くように心がけましょう。

〈よい感想の例〉

> 　大変おもしろく、最後まで目が離せませんでした。
>
> 　日本の看護学校とフランスの看護学校で共通する部分と異なる部分があり、とても興味深く感じました。最初に学ぶ基礎看護技術は同じだったので、1年のときの授業を思い出し、懐かしく思いました。驚いたのは、実習で患者との直接の関わりの多さです。私はまだ1人で患者さんを担当したことはありませんので、少し怖く感じました。
>
> 　羨ましいと思ったことがあります。彼らの会話術です。患者さんとユーモアを交えた会話ができていました。私は緊張すると言葉が出なくなってしまいます。楽しい会話ができれば、患者さんのメンタルケアになると思います。フランスの看護学生ほどには絶対なれないと思いますが、少しでも近づけるように、会話力向上の努力もしたいと思いました。

学校に卒業生を招いて、就職活動の話や現在の勤め先の話など、体験談を聞いた後に、感想を求められることも多いでしょう。

クイズ2 ▶ 物足りない原因を考えよう！

次の例は、コンピュータ専門学校で、3DCGデザイナーとして活躍する卒業生を招いて「仕事のやりがい」をテーマに講演を受けた後に書いた受講の感想です。この文章は、感想としては物足りません。さて、原因は何でしょうか。

> とても参考になりました。
> 今日の話を聞いて、私も3DCGデザイナーになって同じやりがいを持ちたいと思いました。

ヒント

この感想には、講演を聞いていない人でも書けそうな便利な言葉が使われています。それが物足りなさの原因です。

答え

「同じやりがいを持ちたい」という言葉ですませているから。

解説

「同じ」という言葉は、手抜きの感想によく出てきます。話を聞いていなくても、同じと書いておけばごまかせそうだからです。しかし、読んでいる人には、「きっと、話はほとんど聞いていなかったのだろう」と思われてしまいます。

話に共感したのであれば、たとえば、どのようなやりがいに共感したのかを具体的に書きましょう。**具体的に書くことで、話をきちんと聴いていたことが読み手に伝わります。**それが伝わるだけでも、卒業生は、在校生に話をしてよ

かったと安心できるのです。また、書いた感想は、話をした卒業生の目に触れる可能性が高いので、感想とともに、お礼の言葉も書いておくほうがよいでしょう。なお、正式なお礼状の書き方は、第2章第3節で解説します。

〈よい感想の例〉

　大変参考になりました。「映像制作はとても根気と時間のかかる作業だけれども、完成したときの達成感は何事にも代えがたいものがある」と、仕事のやりがいをお話しされていました。私も、今、卒業制作課題を作りながら、何度も途中で投げ出したい気分になります。昨日もそんな気分になりました。でも、その苦しい過程を通り過ぎて完成させたときの達成感が本当に素晴らしいものであることが、羽山さんの話からよくわかりました。私も、まずは目の前の課題を仕上げて、それを味わいたいと思います。そして、将来は羽山さんのようにCM、映画、ゲームムービーなど幅広い分野で映像制作をできるように、学校の勉強をがんばりたいと思います。

　本日は貴重なお話を本当にありがとうございました。

お礼状を書いて力をつける

1 お世話になった人にお礼状を書こう

　在校中、実習などを通じて学校外の人にお世話になることもあるでしょう。お世話になった後には、お礼状を書くことを勧めます。学校からお礼状を書くように指導を受けることもあるかもしれませんが、指導がなくても、自ら進んでお礼状を書いてみましょう。

　実は、お礼状を書くと、たくさんのよいことがあります。まず、**ビジネス文書の基本的な書き方が身につきます**。これを身につけると、就職活動で各種提出書類を作成する際に、大変役に立ちます（詳しくは、第3章で解説します）。それだけでなく、社会に出て、さまざまな場面で文章を作る際にも応用できます。ただし、何よりもよいのは、**お世話になった人に喜んでもらえる**ことです。どのように書くと相手に喜んでもらえるか、お礼状の書き方を学習しましょう。

2 ビジネスレター（手紙）の基本を知ろう

　まず、手紙の大枠の構成を押さえましょう。手紙は、前文、主文、末文で構成されます。**図1・図2**を参考にしてください。

図1　ビジネスレターの形式（パターン1）

a. 発信日付
右に寄せて日付を入れる。

○○年○月○日

b. 宛名
行を変えて、左に寄せて宛名を書く。

○○株式会社
○○部○○課
○○○○○様

株式会社○○○
○○部○○課
○○○○○

c. 発信者名
行を変えて、右に寄せて発信者名を書く。

d. 件名
行を変えて、文章を書くが、その前に件名を入れることもある。

○○○についてのお願い

①頭語

拝啓　春暖の候

③前文

②時候の挨拶

④主文

さて、

つきましては、

敬具

⑤末文

⑥結語

図2 ビジネスレターの形式（パターン2）

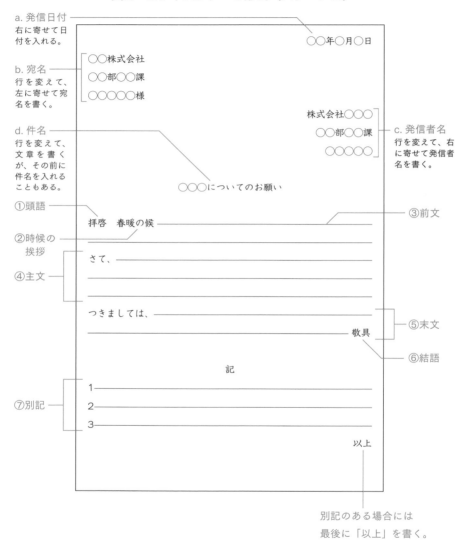

a. 発信日付
右に寄せて日付を入れる。

○○年○月○日

b. 宛名
行を変えて、左に寄せて宛名を書く。

○○株式会社
○○部○○課
○○○○○様

c. 発信者名
行を変えて、右に寄せて発信者名を書く。

株式会社○○○
○○部○○課
○○○○○

d. 件名
行を変えて、文章を書くが、その前に件名を入れることもある。

○○○についてのお願い

①頭語
拝啓　春暖の候

③前文

②時候の挨拶

④主文
さて、

つきましては、

⑤末文

敬具

⑥結語

記

⑦別記
1
2
3

以上

別記のある場合には最後に「以上」を書く。

（1）前文

　前文は、頭語から始まり、時候の挨拶、無事健康であることを確認する安否の挨拶を書きます。前文は、決まり文句を覚えておいて、そのまま使えばよいでしょう。

COLUMN

頭語・結語は組み合わせを覚えよう！

頭語と結語の組み合わせは、以下のとおりです。

・通常の場合：拝啓 …………… 敬具（敬白、拝具）

・丁寧な場合：謹啓、謹呈 ……謹白、謹言

・急用の場合：急啓 …………… 草々（不一）

・返信の場合：拝復 …………… 敬具（拝答、敬答）

・再信の場合：再啓 …………… 敬具（拝具）

・前文省略の場合：前略 ……… 草々

（※）「前略…草々」の組み合わせは、よほど親しい相手に出す場合や、緊急の場合以外は使用しません。

（2）主文

　主文に、伝えるべき内容をすべて書きます。次の第1部から第4部の流れに従ってまとめるとよいでしょう。

・第1部：提示

・第2部：説明

・第3部：説得

・第4部：締め

〈第1部：提示〉

　面識のない人や日常的に連絡をとり合う仲でない人に手紙を書く場合には、自己紹介をします。それに続けて、この手紙をどのようなねらいで書いたのか

を伝えます。お礼状であれば、まずは、お礼の言葉をズバリと伝えます。詫び状であれば、謝罪の言葉を伝えます。何かの催しの招待状であれば、催しに招きたいという意向を伝えます。

〈第2部：説明〉

第1部で提示したことの理由や詳しい説明を書きます。

お礼状であれば、具体的にどのようなことに対する感謝なのかを説明します。詫び状であれば、なぜミスを犯してしまったのかを説明します。招待状であれば、催しの趣旨や概要を説明するといいでしょう。

〈第3部：説得〉

第2部の説明からもう一歩踏み込んだ内容を書きます。もう一歩踏み込むことで、手紙の説得力が増します。お礼状であれば、とくに、どのような点に感謝しているか、それによりどのような学びを得たのかを書くといいでしょう。詫び状の場合には、今後二度と同じ間違いをしないための改善案や、相手が被ったマイナス面をどのように補うのかといった善後策を示します。招待状であれば、相手がどうしても出席したくなるような、最上の話題を提供し説得するといいでしょう。

〈第4部：締め〉

第4部で話を締めくくります。お礼状であれば、再度、感謝の意を伝えればいいでしょう。詫び状であれば、再度、二度と迷惑をかけない決意を伝えるのがよいでしょう。場合によっては、直接謝罪に伺いたいという意向を伝えることもあります。招待状であれば、会場で会えることを楽しみしているというように、出席を心待ちしている気持ちを伝えるといいでしょう。

(3) 末文

主文の後に末文を書きます。末文も、決まり文句を覚えておいて、適宜、内

容と合うものを選ぶとよいでしょう。末文の最後は結語で締めます。

　P.80図2⑦のように、主文で伝える内容でありながら、文章の中に入れると、煩雑で冗長になりそうな連絡事項などは、箇条書きにして別記するとよいでしょう。

COLUMN

時候の挨拶は決まり文句を覚えよう！

　頭語の次に書く時候の挨拶は、時期に応じて言葉を変える必要があります。ただし、最近では、「時下（どの時期にも使用できる言葉）」ですませる傾向にあります。

- 1月：厳寒の候、寒月の候、極寒の候、初春の候、新春の候　など
- 2月：立春の候、残寒の候、晩冬の候、春寒の候、残雪の候　など
- 3月：浅暖の候、早春の候、浅春の候　など
- 4月：春暖の候、陽春の候、仲春の候　など
- 5月：惜春の候、晩春の候、若葉の候、初夏の候、新緑の候　など
- 6月：立夏の候、青葉の候　など
- 7月：盛夏の候、猛暑の候、炎暑の候、酷暑の候　など
- 8月：残暑の候、晩夏の候　など
- 9月：新秋の候、秋涼の後、立秋の候　など
- 10月：秋冷の候、秋晴れの候、仲秋の候　など
- 11月：晩秋の候、暮秋の候、霜月の候、霜寒の候　など
- 12月：初冬の候、寒冷の候　など

3　ビジネスメールの基本を知ろう

　メールは、宛名から書きます。

　手紙のような前文は不要で、「いつもお世話になっております」という挨拶

から始めます。相手や場面によってこの挨拶が適切でないと判断した場合には、これに代わる1文を書きます。たとえば、初めて連絡する相手には、「初めてご連絡差し上げます」などから始めるとよいでしょう。

　挨拶に続けて、自分の名を名乗り、用件を書きます。

　手紙の主文にあたる部分ですが、なるべく簡略化してまとめることを心がけましょう。原則として、1つのメールに1つの用件と心得てください。2つ以上の用件を並べる際には、番号や見出しをつけて、用件の数が明確に伝わるようにまとめます。

　末文も不要で、「今後ともどうぞよろしくお願い申し上げます」などの終わりの挨拶で締めます。

　最後に、署名を書きます。

　メールの場合、手紙の前文、末文のように、かしこまった言い回しはあまり用いないのが一般的です。

　そして、送る前に忘れてはならないのは、件名を付けることです。メールの内容がわかる件名を付けましょう。

　以上を踏まえて、よいお礼状の書き方を身につけましょう。

図3　ビジネスメールの形式

4 実習でお世話になった人に手紙を書こう

授業の一環として、校外の実習先に出向くことがあります。実習先では、朝から夕方までの長時間、お世話になることも多いでしょう。仕事で忙しいところ、学生のために時間を割いて指導していただいたのですから、実習先でお世話になった人にお礼状を書いてみましょう。

次の例は、栄養士や調理師を目指す専門学校の学生が、農業体験実習でお世話になった農園スタッフに書いたお礼状です。

拝啓　時下益々ご清祥のこととお慶び申し上げます。

　5月の田植えのときは緊張してまだ皆さんと話しができなかったのですが泥んこ運動会で一気に打ち解けることができ、6月の草取りのときは人一倍がんばったためにお腹が空いてお昼のおむすびを4個も食べ、9月の稲刈りでもがんばり、新米に感動してご飯のお代わりも2回もして、11月の収穫祭ではお稲荷さんと風呂吹き大根の調理を担当した○○栄養専門学校の水村千秋と申します。春から秋にかけて4回に渡る農業実習を体験させていただき、本当にありがとうございました。

　実習中の思い出はたくさんありすぎて、上手く言葉で表せません。

　収穫したお米や野菜は学校の調理実習の食材としても活用しています。

　本当にありがとうございました。

　ハッピー農園の益々のご繁栄と皆さまの変わらぬご健康を心よりお祈り申し上げます。　　　　　　　　　　　　　　　　　　　　　　　　　　敬具

自己紹介が長すぎ、冗長になった失敗例です。

実習を受ける学生は大勢いるため、出身校と名前だけでは自分のことを思い出してもらえないと思い、たくさんの情報を添えて自己紹介したようです。しかし、最初に長々と説明をしても、読み手にはうまく伝わりません。「いきなり何だろう、この手紙……」と戸惑いを与える恐れもあります。第1部（提示）での紹介は、長くなりすぎないように、なるべく簡潔にまとめましょう。

> 　○○栄養専門学校の水村千秋です。5月から11月にかけての農業実習では大変お世話になりました。改めて感謝申し上げます。

　このくらいで十分でしょう。どうしても自分の印象を最初に伝えたいと思うのであれば、ある1つのエピソードだけを用いて、ごく短く伝えるだけに留めましょう。

> 　6月の草取り実習のときにおむすびを4個も食べて皆さんに笑われた、○○栄養専門学校の水村千秋です。5月から11月にかけての農業実習では大変お世話になりました。改めて感謝申し上げます。

　せいぜいこのくらいにしておきましょう。

　第2部の説明は、逆に短かすぎます。第1部の自己紹介でエネルギーを使い果たしたかのように思えてしまいます。思い出がたくさんあるということは、読み手からすれば素直にうれしいものです。ただ、やはり、具体的に伝えるほうがさらに喜んでもらえるでしょう。そうかといって、あまり長くなりすぎてもいけないので、代表的なエピソードを1つ取り上げて、思い出を語りましょう。

　第3部の説得は、もう一歩というところです。専門学校生が農業実習をするねらいは、もちろん、学校の勉強の一環であり、将来目指す仕事に役立てるためです。したがって、実習で収穫した食材を学校の勉強に役立てているというのは、農園の人にとってはうれしい報告です。ただ、もう一歩踏み込んで、収穫した食材を調理実習に活用して学べたことを、自分なりの表現で盛り込めると大変よいお礼状になります。

クイズ ▶ 適切な言葉を選ぼう！

　次の文章の（1）～（4）に入る適切な言葉は、ア～キのうちどれでしょうか。なお、ア～キには使用しない言葉もあります。

ア：努力する　　イ：食べ物を大切にする　　ウ：温かい味噌汁の

エ：敬具　　オ：すべて美味しくいただく　　カ：拝啓　　キ：草々

（　1　）　時下益々ご清祥のこととお慶び申し上げます。

　○○栄養専門学校の水村千秋です。5月から11月にかけての農業実習では大変お世話になりました。改めて感謝申し上げます。

　実習を通して多くを学び、そして多くの思い出を作ることができました。特に印象に残っているのは6月に行った草取りです。5月の稲刈りであまりお役に立てなかった悔しさから、名誉挽回したいと思い、精一杯がんばりました。しかしがんばりすぎてお腹が空いたため、昼食に用意してくださったおむすびを1人3個とは知らず4個も食べてしまい、皆さんに大笑いされてしまいました。余分に1個食べてしまい申し訳ございませんでした。でも笑ってすませてくださった皆さんの優しさは忘れられません。

　収穫をしたお米や野菜は学校の調理実習で活用しています。時間をかけて、安全・安心な農作物を作ることの大変さを知ることで、（　2　）心が育まれました。お米も野菜もできるかぎり無駄を出さずにすべて使い、（　3　）ことを心掛けて調理に向かうことができるようになりました。こういった心がけを身に付けられたのも皆さまと共に体験させていただいた農業実習のおかげです。

　本当にありがとうございました。

　ハッピー農園の益々のご繁栄と皆さまの変わらぬご健康を心よりお祈り申し上げます。　　　　　　　　　　　　　　　　　　　　（　4　）

ヒント

（　１　）は頭語、（　４　）は結語が入ります。頭語と結語の組み合わせは決まっています。わからない人は第2章第3節第2項をもう一度確認してください。

答　え

1：カ（拝啓）　　2：イ（食べ物を大切にする）
3：オ（すべて美味しくいただく）　　4：エ（敬具）

解　説

　頭語と結語は組み合わせが決まっていて、「拝啓」で始めたら「敬具」で締めます。「草々」は「前略」が頭語の場合の結語です。ただし、「前略−草々」の組み合わせは、挨拶は抜きにして取り急ぎ用件を伝えるときに用いる頭語・結語です。そのため、主に親しい人との手紙で用いて、ビジネス文章ではあまり使用しません。

　3は文脈からもわかりますが、直前に「すべて使い」とあるので「すべて美味しくいただく」と続けると、リズムよく文章が続くことから判断することもできます。

5 研修旅行でお世話になった人にメールを書こう

　学校によっては、学生の見聞を広める目的で、教育の一環として国内外への研修旅行を取り入れています。

　現地のスタッフや、出発してから帰ってくるまで付き添うツアーコンダクターなどにお世話になります。スタッフやツアーコンダクターは、学生が事故や災害に遭うことなく、病気やけがに見舞われることもなく、無事戻るまで、気の休まる暇がないほど緊張しながら仕事をしています。お世話になった人たちに、無事旅行を終えられたことを感謝する意味で、お礼状を書きましょう。

　次の例は、ブライダル業界を目指す専門学校の在校生が、ハワイに研修旅行

に行った後に、案内役を務めてくれた現地旅行会社の日本人スタッフに書いた
お礼のメールです。

はじめてメールをお送りします。
〇〇ブライダル専門学校の荒木和香と申します。
今月上旬のハワイ研修旅行では大変お世話になりました。
心より感謝申し上げます。

人気のチャペルや教会をいくつも見学しながら
海外ウェディングの素晴らしさとともに、
海外ウェディング特有の注意点など、とても勉強になりました。
観光地の見学やアラモアナセンターの上手な巡り方など、
挙式後の過ごし方の提案内容として参考になりました。

ところで1つお願いがあります。
アラモアナセンターの4階にあるハワイアンキルト専門ショップで、
高校時代の友人のお土産に買おうと思っていたのですが、
うっかり買い忘れてしまいました。
インターネットで購入することもできないので、
そのお店で色違いのミトンを3つ買って
送ってもらえないでしょうか。
今月中に渡したいのでなるべく早めに送ってください。
商品の代金と送料は振り込みますので、
原田さんの口座も教えてください。

それではお待ちしています。
これからもどうぞよろしくお願い申し上げます。
荒木和香

　第1部の提示と第2部の説明はよいでしょう。問題は、第3部の説得です。

　現地スタッフは、学生のお世話係ではありません。買い忘れた物を買って送ってほしいなどは、非常識な依頼です。旅行中、大変親しくしてくれたのかもしれませんが、それは、仕事の一環として振る舞ってくれたのです。研修旅行が終われば、現地スタッフには、また次の仕事が始まります。現地スタッフの立場を考えて、節度のある態度をとるようにしましょう。

　同じような例で、忘れ物をした場合があります。どうしても送り届けてもらわなくてはならない場合には、なるべく相手の手を煩わせることなく、そして、十分に気をつかってお願いしましょう。

　やはり、研修旅行ですから、第3部には、勉強になった、将来の夢の実現に向けてモチベーションが上がったといったことを書くのがよいでしょう。相手も自分の役目を果たせたと、うれしい気分になるでしょう。

〈よいお礼メールの例〉

> はじめてメールをお送りします。
> ○○ブライダル専門学校の荒木和香と申します。
> 今月上旬のハワイ研修旅行では大変お世話になりました。
> 心より感謝申し上げます。
>
> 人気のチャペルや教会をいくつも見学しながら
> 海外ウェディングの素晴らしさとともに、
> 海外ウェディング特有の注意点など、とても勉強になりました。
> 観光地の見学やアラモアナセンターの上手な巡り方など、
> 挙式後の過ごし方の提案内容として参考になりました。
>
> 私の夢はウェディングプランナーになることです。
> プランナーになるには、視野を広げることが大切であると

第2章　学校生活のなかで「伝わる文章」の力をつける

学校の先生より指導を受けています。

ハワイでの研修旅行を通じて、

挙式からハネムーンまでの一連のウェディングプランには

さまざまなかたちがあることがわかりました。

将来ウェディングプランナーになったときに、

国内と海外の両方のウェディングプランを提案できるように

今後さらに学習に励みたいと思います。

本当にありがとうございました。

これからもどうぞよろしくお願い申し上げます。

荒木和香

6 インターンシップでお世話になった人にメールを書こう

　最近は、授業の一環として、インターンシップを取り入れている学校も増えています。

　インターンシップとは、学生が興味のある職場で就業体験を積むことです。1週間に満たない場合もあれば、3か月程度の長期間の場合もあります。

　次の例は、ビジネススキルを学ぶ専門学校の学生が、2年次の3か月間、大手百貨店の紳士靴売場にインターンシップを経験した後に、現場の店長に書いたお礼のメールです。

○○百貨店4F紳士靴売場

店長　古川正彦様

ご無沙汰しております。

○○ビジネス専門学校2年の新山俊哉です。

インターシップ中はお世話になりました。

インターンシップでとにかくよかったのは、

インターンシップの仲間がもう1人いたことです。

私より2週間早めに始めていた二宮さんがいたおかげで

本当に助かりました。

1回教わっただけではわからないことが多かったのですが、

それを二宮さんが教えてくれました。

また二宮さんとは高校の部活動も同じダンス部で

とても気が合いました。

休み時間に彼と話をするのがとても楽しみでした。

ラインも交換して時々連絡をとりあっています。

二宮さんもお礼のメールを送ると言っていましたので、

もし二宮さんから連絡が来たら新山が感謝していたと

店長からも伝えておいてください。

本当にありがとうございました。

就職先が決まったら多分連絡します。

今後ともどうぞよろしくお願い申し上げます。

○○ビジネス専門学校2年

新山俊哉

このお礼メールを読むと、店長からはほとんど何も教わらず、同時期に就業体験を積んでいた学生に仕事を教えてもらったように受け取れます。このようなお礼状をもらっても、いったい誰にお礼を伝えているのかと、あまりうれしいものではありません。店長ががんばって指導したものの、何かつらい思いをさせたのではないかと心配になるかもしれません。

店舗現場は緊張するものです。周りが年齢の離れた店員ばかりだった場合には、一緒にインターンシップに入った同年代の学生が心の支えになったというのも十分に理解できます。しかし、受け入れていただいた現場の責任者の指導内容や接し方などに、感謝の気持ちを伝えるのがマナーだと心得てください。

第4部の締めで、就職先が決まったら連絡する旨を伝えています。礼儀正しく評価はできますが、「多分」という言葉が余計です。うっかり忘れるかもしれないので断定は避けたのかもしれませんが、多分ということは、本音としては伝える気はないのだろうと疑われます。**あいまいな物言いは誤解を生みやすい**ことも、あわせて覚えておきましょう。

〈よいお礼メールの例〉

○○百貨店4F紳士靴売場
店長　古川正彦様

ご無沙汰しております。

○○ビジネス専門学校2年の新山俊哉です。
インターシップ中はお世話になりました。

インターンシップを通じて一番勉強になったのは、
お客様とのコミュニケーションです。
店長より

「お客様にとって一番履き心地のよい靴を紹介できるように、
焦らずに、たくさんの靴を試し履きしてもらうことが大事」
と教わったおかげで、
時間を気にせず、1人1人のお客様と接することができました。
やがて、履き心地、デザインなど、お客様の気にされている
すべての条件がそろったときに浮かべるお客様の安堵の表情が、
わかるようになりました。
1人1人と丁寧に接することがお店のファンを増やす
コミュニケーションであることを学べました。

本当にありがとうございました。
就職が決まったら必ずご報告に参ります。
その際、就職の記念に、貴店で紳士靴を一足購入したいと思います。
その日が待ち遠しいです。

今後ともどうぞよろしくお願い申し上げます。

○○ビジネス専門学校2年
新山俊哉

「伝わる文章」が書ければ
就職活動も成功する

就職活動に必要な書類

1 就職への意欲を文章でアピールしよう

　専門学校生の場合には、入学した当初から目指す職業がはっきりしていることが多いと思います。学校でも、1年生のときから将来就くべき仕事のための知識やスキルを学び、資格取得に向けての学習機会が多数組まれています。そのため、高校生や大学生よりも就職を意識する機会も多いでしょう。

　就職への意識・意欲を上手に伝えられれば、就職活動は成功します。第1章・第2章で学んだ「伝わる文章」のテクニックを活かして、就職活動のための書類を上手にアピールしましょう。

　就職活動をするうえで、さまざまな書類を用意する必要があります。書類は大きく2つに分けられます。

　1つは、**学校が発行する書類**です。成績証明書、卒業見込証明書などで、これらは必要数を把握し、期限に余裕をもって学校に依頼します。

　もう1つは、**自分で作成する書類**です。説明会参加、選考応募、内定、入社決定まで、各種の書類を作成します。いい加減な書類を作成すれば、その分マイナスの印象を与えます。逆に、よいものを作成すれば、採用結果にプラスの効果をもたらします。つまり、**自分で作成する書類をいかによいものに仕上げるか**が、就職活動成功の鍵となります。

2 提出書類は企業とのマッチングが大事と知ろう

　言うまでもなく、提出書類の役割は「自分がどのような人物か」をアピールすることです。どのような強みを持っているのか、どのような理由で当社を志望しているのか、学校でどのくらい勉強してきたか、どのような資格を持っているのかなどを書類で表現します。

　企業は、応募学生の提示した情報から「当社の求めている人物か」を推し量

ります。多くの資格を持っていても、学校の成績が抜群によくても、それだけで志望企業の内定が確約されるわけではありません。それぞれの**企業にとって必要な人材**と見なしてもらわなければ、内定を得られません。

　志望者と企業の相性が合うことをマッチングといいますが、就職活動は、マッチングが決め手になります。この点が、テストでよい点をとれば合格できる学校の入学試験と、大きく異なります。志望企業とのマッチングを意識して、自分で作成する書類を用意することが大事です。

3　履歴書・エントリーシートの基本を知ろう

　自分で作成する書類の中心となるのは、履歴書とエントリーシートです。

（1）履歴書の書き方

　履歴書は、多くの場合、各学校指定の用紙またはデータファイルを使用して作成します。専門学校生の場合、学校推薦で就職するケースも多いと思いますが、そのときも学校指定の履歴書を用います。

　最初に、氏名、生年月日、住所、電話番号、連絡先等を記入します。氏名の横には、写真を添付します。続いて、学歴・職歴を書きます。その後に、いくつかの指定項目に従って短い作文を書きます（**図1**）。

第3章

「伝わる文章」が書ければ就職活動も成功する

図1　履歴書の基本情報の書き方見本

印鑑は最初に押す。
かすれないように、斜めに
押さないように、注意する。

書類提出の日付
または訪問日の
日付を記入する。

写真の裏に学校
名と氏名を記入
してから貼る。

履 歴 書

20XX年　○月　○日現在

写真を貼る位置

写真を貼る必要が
ある場合
1. 縦　36～40mm
   横　24～30mm
2. 本人単身胸から上
3. 裏面のりづけ

西暦か和
暦に統一
する。

ふりがな	まるまる　まるこ	
氏　名	○○　○子	㊞

20XX年　○ 月 ○ 日生（満 ○ 歳）

※
男・女

ふりがな	とうきょうとしんじゅくくひがししんじゅく　まるまるはいむ	電話
現住所　〒123-4567 東京都新宿区東新宿１丁目２番３号　○○ハイム１０１		12-3456-7890 080-1234-5678
ふりがな		電話
連絡先　〒	（現住所以外に連絡を希望する場合のみ記入）	

年・月は
不要。数
字のみ記
入する。

Ｅメール　△△△@gmail.com

パソコンのアドレスを記入する。

年	月	学歴・職歴（各別にまとめて書く）
		学　　歴
20XX	3	東京都新宿区立第五中学校　卒業
20XX	4	東京都新宿区立新宿東高等学校　入学
20XX	3	東京都新宿区立新宿東高等学校　卒業
20XX	4	白藍情報ビジネス専門学校　入学
20XX	3	白藍情報ビジネス専門学校　卒業見込
		職　　歴
		なし
		以　上

学歴・職歴に分け、職歴
がない場合は「なし」と
記入し、最後に「以上」
を記入する。

数字はすべて算用数字
で書く。
・正：1・2・3
・誤：一・二・三

アルバイト歴は書かない。

記入上の注意　　1．鉛筆以外の黒又は青の筆記具で記入。　　2．数字はアラビア数字で、文字はくずさず正確に書く。
　　　　　　　　3．※印のところは、該当するものを○で囲む。

（2）エントリーシートの書き方

エントリーシートは、各企業の定めた用紙またはデータファイルを使用して作成します。

ほぼ共通して、氏名、連絡先などの基礎情報を記載します。短い作文を書く必要のある指定項目は、企業ごとに異なります。

企業によっては、専門学校生も大学生・短大生も、同じ採用枠で審査するという場合があります。その場合には、エントリーシートも大学生と同じ形式のものになります。「卒論のテーマ」など、大学特有の課題が含まれていることもあります。また、枠囲みだけのシートに自由に（イラストや画像貼付も可として）自己アピールするよう求められることもあります。

4　履歴書・エントリーシートで伝えるべきことを知ろう

履歴書・エントリーシートともに、どのような課題が含まれようと、また、どのようなレイアウトのものであろうと、自分がいかに志望企業で働く人間としてふさわしいかをアピールする点は同じです。どのようにアピールすればよいかは、以下のとおりです。

（1）履歴書・エントリーシートの2大メッセージ

どのような企業・職種を目指して履歴書・エントリーシートを作成する場合でも、大きな2つのテーマを伝えるものと思ってください。2つのテーマとは、**強みと志望動機**です。

履歴書・エントリーシートは、自分をアピールするものです。強みとは、**「これまで培ってきたもの」**です。対して、志望動機とは、**「自分の向かうところ」**です。強みと志望動機により、「過去から現在に至る自分」と「現在から未来に向かう自分」をアピールできることになります。

それぞれを、もう少し具体的に説明します。

①強み

強みとは、内面のプラス面や他人に誇れる資質をいいます。努力家、ねばり

強い、リーダーシップを発揮できる、協調性がある、積極的、チャレンジ精神旺盛、柔軟性があるなどがあてはまります。

総じて表現すると、目的達成のために必要な力といえるでしょう。自分自身がこれまで培ってきた強みは、どのような言葉で表せるかを考えてください。

②志望動機

志望動機は、「入社して何をしたいか」を伝えます。志望企業の一員として仕事でどう貢献したいのか、どんな目標を持って仕事に取り組みたいのかを書くものと考えてください。

履歴書・エントリーシートのなかには、さまざまな指定項目の課題がありますが、多くの課題は、この2大メッセージを意識しながら書くと軸の定まったわかりやすい書類になります。

志望企業とのマッチングと2大メッセージを打ち出すことを意識して、履歴書・エントリーシートをまとめましょう。

(2) 履歴書・エントリーシートの3大作文

強み・志望動機の2大メッセージをわかりやすくアピールできれば、履歴書・エントリーシートはライバルと大きく差をつけることができます。強み・志望動機をわかりやすくアピールするためには、3大作文を書くことを勧めます。

3大作文とは、①自己PR、②学生時代に力を入れたこと、③志望動機のことです。①と②は強み、③はもちろん志望動機をアピールするための作文です。

履歴書・エントリーシートの中で課される作文が、「自己PRを書きなさい」のように、3大作文の1つをそのまま書くように指定している場合もあります。また、3大作文を応用して書ける作文を課す場合もあります。たとえば、「長所と短所を書きなさい」といった指定項目の場合には、自己PR作文で強みを十分に考えていれば、それをもとに長所の部分を書くことができます。

　3大作文を、基本に従ってしっかりと書くことこそが、就職活動を成功に導く履歴書・エントリーシートづくりになります。

　自己PR、学生時代に力を入れたこと、志望動機の順番で学習していきましょう。

自己PRの書き方

1 自己PRを書こう

　自己PRとは、自分の強み（長所）は何かを伝える作文です。設問には、次のようなものがあります。

> ・自己PRを書きなさい
> ・あなたの強みを書きなさい
> ・長所を教えてください
> ・自分の自慢できる点を○○字以内にまとめてください

　以上は、すべて自己PRを求めていると考えてください。

　自己PRと自己紹介は違います。自己紹介は、氏名、年齢、出身校、趣味など、人物の表面的な概略を伝えるのがねらいです。一方、自己PRは、**強みを伝えるのがねらいです**。企業の本音を交えたリアルな言葉に言い換えれば、「当社に貢献してくれそうな、あなたの強みをアピールしてください」ということになります。

（1）強みを決める

　第3章第1節第4項でも説明したように、強みとは、目的達成のために必要な力です。まずは、自分自身を言い表す強みを決めてください。

　企業は、専門学校卒の専門的職業能力や即戦力性といったものに魅力を感じつつも、それだけでは不足と捉えています。変化の激しい現代では、**さまざまな人と協働するコミュニケーション能力**や、**未知のことに自ら進んで挑戦する主体性**や、**問題解決能力**もあればなおよいと考えている企業が多いようです。したがって、職人気質（かたぎ）にプラスして強みを1つ打ち出すことは、現在では不可欠といえるでしょう。

（2）基本構成にまとめる

　強みが決まったら、次の構成に従って作文を書きます。250〜300字くらいにまとめるとよいでしょう。

・第1部（提示）：強みをズバリ書く。

・第2部（説明）：強みを裏付ける具体的なエピソードを書く。

・第3部（説得）：第1部で示した強みをさらに詳しく説明する。

　各部で段落替えをすると、メリハリの付いた文章になります。

〈自己PRの例〉

> 　私の強みはねばり強さです。
>
> 　専門学校1年生の夏休みを利用して、○○自動車大学校の友人と博多から根室までの長距離ドライブに挑戦しました。途中、ガス欠やパンクなどの困難にも出くわしました。そんな時には「冷静に計画を見直すチャンス」「気分転換を図れるチャンス」と気持ちを立て直しながら、挑戦を続けました。その結果、博多を出発してから7日目に根室市の納沙布岬に到着し、目標を達成することができました。
>
> 　私は困難にぶつかっても、すぐに気を取り直して前進することができます。だからこそ何事もねばり強くやり遂げることができるのです。

（3）強みのアピール方法

　強みのアピールといわれても、「自分には他人に自慢できるような強みなんてない」と思い、なかなか自己PRを書けない人がいます。悩んだ末、次のような正直な気持ちを書く人もいます。

第3章
「伝わる文章」が書ければ就職活動も成功する

〈悪い例〉

> 　私には人に自慢できるような長所はありません。
> 　引っ込み思案で、気が小さいと思っています。またけじめをつけること
> が苦手です。ゲームを始めたら、いつまでもだらだらやり続けてしまいま
> す。でも何といっても一番の欠点はあきらめが早いことです。何をやって
> も長続きしません。高校の時もバレーボール部に入りましたが、半年で飽
> きて退部しました。ゲーム業界を目指したのも、移り変わりが早いので、
> あきっぽい私が働くのに合っているかもしれないと思ったからです。
> 　もしかしたらダメな自分をよく知っていることが私の長所かもしれま
> せん。

　正直な思いとして、自分には強みはないと感じていても、この例のような文章は禁物です。

　自己PR、つまり、履歴書・エントリーシートは、自分自身を企業に売り込むために書くものです。「このような性能があります」とアピールしないで、「このような欠陥があります」と説明して買ってもらえる品物はありません。欠点はあっても、**よい点に光を当てて説明する**必要があります。

　なかなか強みを決められない、見つけられない人には、次の作業を勧めます。

　短所は長所の裏返しともいわれます。自分が短所だと思っていた点は、見方を変えることで長所といえることもあります。たとえば、「理屈っぽい」という短所は、見方を変えると「論理的思考力に長けている」ともいえます。「わがまま」というのは、「自分の考えにこだわりを持っている」などのようにいえるでしょう。

　自分が今まで気がつかなかった長所を見つけるために、以下のクイズに取り組んでみてください。

クイズ▶短所を裏返そう！

次の短所について、見方を変えた言葉を考えましょう。

・あきっぽい　　　⇒（　　　　　　　　　　　　　　）
・引っ込み思案　　⇒（　　　　　　　　　　　　　　）
・けじめがない　　⇒（　　　　　　　　　　　　　　）
・気が小さい　　　⇒（　　　　　　　　　　　　　　）
・へそ曲がり　　　⇒（　　　　　　　　　　　　　　）
・気が短い　　　　⇒（　　　　　　　　　　　　　　）
・なれなれしい　　⇒（　　　　　　　　　　　　　　）
・要領が悪い　　　⇒（　　　　　　　　　　　　　　）

答えの例

・あきっぽい　　　⇒好奇心旺盛
・引っ込み思案　　⇒他人を立てる
・けじめがない　　⇒持続力がある
・気が小さい　　　⇒慎重に物事を判断する
・へそ曲がり　　　⇒多様なものの見方ができる
・気が短い　　　　⇒思い立ったらすぐに行動に起こす
・なれなれしい　　⇒誰とでも打ち解けやすい
・要領が悪い　　　⇒じっくり考えて丁寧に行動する

解　説

　上記のように、悪い例で短所として挙げていたものは、長所に変換することができそうです。そのうちの1つを強みにすればよいのです。

〈よい例〉

> 　私の強みは好奇心旺盛なところです。
>
> 　すぐに目移りしてしまうことが欠点と思っていましたが、ゲームプログラマーとして活躍されている卒業生の話を聴いた際に、「あらゆることがゲーム作りのヒントになるので、いろいろなことに興味をもつのはプログラマーに必要な資質だ」と言われて、発想の転換を図れました。それ以来、すぐに目移りする習性を肯定的に捉えて、興味を引くものを見つけたらすぐにインスタグラムに投稿したり、メモをとったりするように心がけています。
>
> 　毎日出合うあらゆることがゲーム作りに役立てられるという思いがあるからこそ、私は何事にも好奇心を持って接することができます。

2　強みを１つにしぼろう

　強みをたくさん挙げて、１つにしぼれない人もいます。なかには、誇れる強みはいくつもあるので全部アピールしたいという人もいるでしょう。頼もしい人たちではありますが、陥りがちな失敗例を紹介します。

〈悪い例〉

> 　チャレンジ精神旺盛で、ねばり強く、努力家で、誰とでもすぐに打ち解けられる点が私の強みです。
>
> 　いろいろなことに挑戦するたびに自分が成長するのを実感できました。資格取得に向けての勉強もアルバイトもボランティアも多くの困難に出合いました。ときには挑戦したことを途中であきらめざるを得ないこともありましたが、そんなときに私を支えてくれたのは周囲にいた人々でした。
>
> 　これまでに本当に多くの経験をしました。だからこそ私にはたくさんの強みがあります。

　強みをたくさん挙げたからといって、「優秀な学生だなあ」とは思われません。示した強みの裏付けを具体的に示さないと、説得力がありません。

　この例では、第1部（提示）で4つも強みを挙げています。

　第2部（説明）で強みを裏付けるエピソードを書こうとしたようですが、4つの強みを裏付けていたら非常に長くなります。そのため、体験した事柄を羅列しただけになったようで、裏付けのエピソードとして不十分な内容です。

　第2部が書けていないので、第3部（説得）も書けません。この例では、ただまとめただけになっています。

　強みを1つにしぼれない場合には、**優先順位を決めてみましょう**。1位としたものをメインの強みとします。2位以下の強みは、メインの強みを説明するキーワードに用いるとよいでしょう。たとえば、「努力家」をメインの強みに置き、「ねばり強く」を説明するキーワードにします。

〈よい例〉

> 　私は努力家です。
>
> 　私が通う学校では、成績優秀者はイタリアの海外プログラムに参加させてもらえます。私は、入学当初からこのプログラムに参加することを目標に学業に励んできました。1年生修了時は成績が僅かに足りず目標は叶いませんでした。私はこの悔しさをバネに一層勉強に励みました。予習・復習を毎日こなし、課題制作は早い時期から取り組み、計画的にコツコツと進めました。そうした努力が実り、2年生修了時には成績優秀者となり、念願だった海外プログラムへの参加が叶いました。
>
> 　私が努力を続けられるのは、目標を持っているからです。明確な目標があるからこそ、一度の失敗でくじけることなくねばり強く努力できるのです。

　4つの強みのうち2つはあきらめ、2つを活かしてまとめています。わかりやすくまとめるために、ときには、書きたい内容を切り捨てることも、大事なコ

ツであると心得てください。

失敗や困難を乗り越えたエピソードを書こう

　強みを裏付けるエピソードは何でもいいのですが、あまりに日常的な些細な
出来事を示すのは勧められません。強みの裏付けとしては弱く、印象にも残り
ません。

〈悪い例〉

> 　私の強みは何事も効率よく進められる点です。
> 　私はよく料理をするのですが、その時に4品くらい作ります。私の家に
> はガスコンロが3口あるので私は1品1品作るのではなく、2品ずつ作りま
> す。そのため、短い時間でも品数が多く作れて、家族にも喜ばれていま
> す。
> 　私が常に効率よく進められるのは、行動する前に予め大まかな作業を把
> 握しているからです。

　第2部で示す強みを裏付けるエピソードは、できれば、失敗や困難を乗り越
えた体験がよいでしょう。

　どのような仕事でも、目的を達成するまでには、いくつもの失敗や困難を乗
り越えていくものです。乗り越え、成し遂げる力を備えていることを示せれ
ば、非常に強力な自己PRになります。

〈よい例〉

> 　私の強みは何事も効率よく進められる点です。
> 　私は、ファミリーレストランの厨房でアルバイトをしています。慢性的
> な人手不足のため、休日のお昼時の厨房は息つく間もないほどの忙しさで
> す。そこで私は、休日の混み具合とよく出るメニューを調べて、午前中の

うちに周到に下ごしらえをすませるようにしました。その結果、お客様に長時間待たせることなく料理の提供ができました。店長からも「店のピンチを救ってくれてありがとう」と感謝の言葉を頂きました。

　私が常に効率よく進められるのは、事前調査を行って、状況把握をしてから行動に移すことを心掛けているからです。

4　エピソードから導き出せる強みを書こう

　第3部は、書くのが難しく感じると思います。第1部で示した強みをもう一度示すだけになったり、第2部のエピソードからまったく読み取れない新たな強みの特徴を述べたりする失敗があります。

〈悪い例〉

　私の強みは、柔軟性があることです。

　私は在学中、実習で保育園に行きました。自由遊びや設定保育、給食の時間を通して、初めて実際の子どもたちと触れ合いました。授業で学んだポイントに注意しながら実践しましたが、子どもたちはつまらなそうにしていました。私は授業で学んだポイントを一旦忘れて、現場で働く先生方や親御さんの子どもとの接し方を観察し、それを真似してみることにしました。そうすると、徐々に子どもたちとも上手に接することができるようになりました。

　私は、子どもや高齢者などの弱者のためにはいつでも柔軟性を発揮することができます。

　第2部まではよく書けているのですが、第3部になって、突然、「高齢者などの弱者のため」という言葉が出てきました。

　子どものためだけならばよいのですが、高齢者のためが加わると、第2部とのつながりが失われ、唐突な印象を与えます。第3部の強みの詳しい説明は、

第2部から読み取れることを書くのが、もっとも説得力のある書き方です。

〈よい例〉

> 　私の強みは、柔軟性があることです。
>
> 　私は在学中、実習で保育園に行きました。自由遊びや設定保育、給食の時間を通して、初めて実際の子どもたちと触れ合いました。授業で学んだポイントに注意しながら実践しましたが、子どもたちはつまらなそうにしていました。私は授業で学んだポイントを一旦忘れて、現場で働く先生方や親御さんの子どもとの接し方を観察し、それを真似してみることにしました。そうすると、徐々に子どもたちとも上手に接することができるようになりました。
>
> 　私は、ピンチに遭遇した場合でも、過去に学習したことにとらわれず、その場で最適の方法を見つけ出し、問題解決を図る柔軟性を発揮することができます。

学生時代に力を入れたことの書き方

1 学生時代に力を入れたことを書こう

3大作文の2つ目は、「学生時代に力を入れたこと」です。設問には、次のようなものがあります。

・学生時代にがんばったことを書きなさい

・これまでに一番努力してきたことは何ですか

・学生時代の一番の思い出を書きなさい

・学業、課外活動、アルバイト、ボランティアのうち、もっともがんばったことは何ですか

以上は、すべて学生時代に力を入れたことをテーマとした作文とみなしてよいでしょう。

（1）力を入れて取り組んだことを決める

まずは、学生時代に力を入れて取り組んだことを1つ決めてください。決めたら、次にその出来事を詳しくまとめましょう。

いつ、どこで、何をしたのかを、自分のことを知らない人にもわかるように説明します。そのうえで、どのように力を入れて取り組んだのかを書いてください。さらに、力を入れて取り組んだ結果を書くとよいでしょう。

（2）力を入れて取り組んだことから何を学んだのかを考える

学生時代に力を入れたことは強みをアピールするための作文です。ここで示す**学んだことが自分の強み**を表します。企業にアピールするのは、力を入れて取り組んだ経験そのものよりも、経験から学んだこと、すなわち強みだと理解してください。

学んだことをしっかりアピールできれば、出来事自体は、「1番になった」「表彰された」といった大手柄でなくても問題ありません。場合によっては、失敗、敗北、後悔という結果に終わったことでもよいのです。

（3）自己PRと同じ強みをアピールしてもよい

　ところで、「自己PRと学生時代に力を入れたことは同じ強みをアピールしてもよいか」という質問をよく受けます。もちろん構いません。むしろそうしたほうが望ましいでしょう。

　履歴書・エントリーシートのなかで両方を書くことが求められている場合には、**エピソードを変えて共通の強みを示す**とよいでしょう。

　異なる強みを示す場合には、**両方の強みがそれぞれ補い合うように示せる**といいでしょう。たとえば、自己PRで「努力家」をアピールし、学生時代に力を入れたことで「ねばり強さ」をアピールしたのであれば、自己PRでは「コツコツ努力を積み重ねることでねばり強くがんばれる」、学生時代に力を入れたことでは「コツコツ努力を重ねることで何事もあきらめずに最後までやり遂げることができる」のように、第3部（説得）をまとめられるのがもっともよいでしょう。

　履歴書・エントリーシートにどちらか一方を書く場合もあると思います。その場合には、1つの強みとその裏付けエピソードを、ある企業では自己PRに用いて、ある企業では学生時代に力を入れたことに用いるということがあっても、もちろん問題ありません。

（4）基本構成にまとめる

　力を入れて取り組んだこと、そして、その経験から学んだことを決めたら、次の構成に従ってまとめてみましょう。
・第1部（提示）：学生時代に力を入れたことをズバリ書く。
・第2部（説明）：力を入れたことの詳しい説明（エピソード）を書く。
・第3部（説得）：力を入れて取り組んだことから何を学んだのかを書く。

　次に、自己PRでよい例として紹介した作文の1つを、学生時代に力を入れたことに改変したものを示します。

〈学生時代に力を入れたことの例〉

　私は、専門学校に入学してから学業にもっとも力を注ぎました。

　私が通う学校では、成績優秀者はイタリアの海外プログラムに参加させてもらえます。私は、入学当初からこのプログラムに参加することを目標に学業に励んできました。1年生修了時は成績が僅かに足りず目標は叶いませんでした。私はこの悔しさをバネに一層勉強に励みました。予習・復習を毎日こなし、課題製作は計画的に取り組みました。そうした努力が実り、2年生修了時には成績優秀者となり、念願だった海外プログラムへの参加が叶いました。

　この経験から私は、明確な目標を持つことで、一度の失敗でくじけることなくねばり強く努力できることを学びました。

2　できて当たり前のこと・小さすぎることは避けよう

　基本的には、学生時代に力を注いだ出来事であれば何でもよいのですが、避けたいのは、社会人ならばできて当たり前の習慣と、小さすぎるエピソードです。

〈悪い例〉

　私は毎日遅刻せずに学校に行くことをがんばりました。

　自宅から学校まで1時間半かかります。朝の通勤通学のラッシュ時間は頻繁に電車の遅れが発生するので、さらに15分くらい余裕を見ておかないと遅刻する可能性があります。

　しかし私は親に高いお金を出してもらって専門学校に通う以上は絶対

に遅刻しないようにしようと心に誓い、これまで過ごしてきました。努力の甲斐があって、パーフェクトではありませんが、遅刻は1年生のときに2回、2年生の時に1回の計3回に留めています。

　遅刻せずに毎日に学校に通うことで、会社に毎日通う社会人の大変さがよくわかりました。

　思いがけないことから、学校や会社に行けなくなることはあるものです。何よりも、健康を維持していないと、毎日は通勤・通学ができないので、ほとんど遅刻せずに2年間通学したことは、たしかに評価できるかもしれません。

　ただし、社会人にとっては、遅刻せずに会社に行くのは当たり前のことです。企業に対して、遅刻しなかったことを学生時代に力を注いでがんばったこととしてアピールしても、有効ではありません。

　また、1日だけのアルバイト経験や、コーヒーマシーンの使い方などといった、アルバイト先で身に付いた簡単な技能習得などの小さなエピソードも、適当ではありません。企業には、「学生時代に何をやっていたのか」と思われます。

　大きな結果につながっていなくても、それなりに時間をかけて、それなりにがんばって取り組んだことを、学生時代に力を入れたこととしてアピールしましょう。

　1番のお勧めは学業です。とくに、専門学校生は、目指すべき職業に向かって2年間なり3年間なりを学校で勉強してきたはずです。そのことをストレートに伝えましょう。

　課外活動やアルバイト、ボランティアでも、強みをしっかり伝えられるならばよいでしょう。それぞれにどのように力を入れて取り組んだのかを具体的に書き、場合によっては、**学業との両立をどのように成し遂げたのか**を書くのも有効でしょう。

〈よい学生時代に力を入れたことの例〉

> 　私は学生時代、簿記の勉強に最も力を注ぎました。
>
> 　専門学校に入学してから、日商簿記2級取得を目指し勉強を始めました。しかし、同じミスの繰り返しや制限時間内に解き終わらないなどの失敗から、なかなか合格に手が届きませんでした。そこで、1題ずつ確実に苦手をつぶしていく方法に変え、どうしてもわからないときは学校の先生に教えていただくようにしました。その結果、苦手問題は減少し、勉強が楽しくなりました。最初は苦戦しましたが、楽しく苦手を克服し、資格取得を叶えることができました。
>
> 　私はこの経験を通して、自分に合ったやり方を見つけるための試行錯誤の大切さに気づくことができました。

3 エピソードを語りすぎないように注意しよう

　大いに自慢したいエピソードを持っている人であれば、もちろん、それを率直に伝えればよいでしょう。ただし、エピソードを上手に短くまとめるように注意してください。

　自慢したいエピソードであれば、語りたいこともたくさんあるでしょう。長めの字数を書くことが認められていれば心配ありませんが、多くの場合は、300字以内でまとめなくてはなりません。

　以下のクイズに取り組んでみてください。

クイズ▶長すぎる文章を短くしよう！

　次の文章は、第2部（力を入れたことの詳しい説明）が500字を超え、長すぎます。第2部を250字以内にまとめ直してみましょう。

> 　私は、アルバイトをしていた居酒屋の売上向上のためにがんばりました。

私の勤める店舗は売上が低かったので、改善策を模索しました。店長と相談し、売上1位店舗に客として視察してくることにしました。視察だったため、飲みたいビールを我慢してノンアルコールビールを注文しました。つまみはひと通り頼みました。店員の態度、洗面所の清掃状況などもチェックしてきました。売上1位店舗との差を分析した結果、客単価を上げる必要性に気づきました。そこで、鮮魚をワゴンに載せてお客様の席まで運んでお勧めする移動販売サービスに力を入れることにしました。マニュアル通りに勧めるよりも会話のなかでお客様の好みや希望を汲み取るほうが効果的だと気づき、仕事終わりに同僚と会話のトレーニングを繰り返しました。「今日のお勧めはどれ？」「一番新鮮なのはどれ？」「これはどこで取れたの？」「これ一匹で何人分になるかな？」といったよく聞かれる質問をシミュレーションして、さまざまなタイプのお客様を想定して回答をする練習をしました。その結果、鮮魚の移動販売は、私の店舗の目玉商品となり、それを目的に来店するお客様も増え、売上は大幅に伸びました。この功績が認められて、私は20名のスタッフをまとめる責任者を任命されました。時給も100円アップしてもらえました。

　この経験を通して、問題解決のためには原因分析と自発的な行動が重要だと学びました。

ヒント

　第3部（力を入れて取り組んだことから何を学んだのか）に注目しましょう。第3部には、「この経験を通して、問題解決のためには原因分析と自発的な行動が重要だと学びました」と書いてあります。つまり、問題解決のために行った「原因分析」と「自発的な行動」が残れば、あとは削ってもいいのです。この点を踏まえて、短くしてみましょう。

答えの例

模範解答例は、次のとおりです。

> 　私は、アルバイトをしていた居酒屋の売上向上のためにがんばりました。
>
> 　私の勤める店舗は売上が低かったので、改善策を模索しました。売上1位店舗との差を分析した結果、客単価を上げる必要性に気づきました。そこで、鮮魚をワゴンに載せてお客様の席まで運んでお勧めする移動販売サービスに力を入れることにしました。マニュアル通りに勧めるよりも会話のなかでお客様の好みや希望を汲み取るほうが効果的だと気づき、仕事終わりに同僚と会話のトレーニングを繰り返しました。その結果、鮮魚の移動販売は、私の店舗の目玉商品となり、それを目的に来店するお客様も増え、売上は大幅に伸びました。
>
> 　この経験を通して、問題解決のためには原因分析と自発的な行動が重要だと学びました。

解　説

　第2部に書いた詳しい説明から導き出せる教訓を、第3部に書きます。この点を外さないように注意して、長すぎるエピソードは削りましょう。

　売上1位店舗の視察の様子、会話トレーニングのなかで想定したお客様の質問例などは、なくても第3部の教訓を書くのに支障がないため削ります。スタッフをまとめる責任者に任命された功績はアピールしたいところでしょうが、第3部の教訓とは直接つながらないため、制限字数を考えると、やはり削るべきです。

4　エピソードから読み取れる「学んだこと」を示そう

　第2部の力を入れたことの詳しい説明まではよく書けているのに、締めくくりに何を学んだのかを上手く書けない人が多いようです。

第2部に書いたことから読み取れない教訓を書いたり、後半に書いた内容に引きずられて的確ではない教訓を書いたりする場合があります。

〈悪い例〉

> 　私が学生時代にがんばったことは、「人体の構造と機能」の勉強です。
> 　私の進学した○○専門学校栄養士科では、栄養関係の勉強だけでなく、「栄養が人の体にどのように吸収されるか」などの人体の仕組みに関する科目の勉強もしました。人の体の仕組みは複雑で、覚えるのが大変でした。また、覚えたことを将来に活かせるようにさまざまな工夫をして復習に努めました。放課後、図書館に行き、関連知識を一緒に覚えたり、友人と体を使いながら声に出して覚えたりもしました。こういった努力が実り、「人体の構造と機能」に関する科目では全てＡ評価をもらえました。
> 　私はこの経験から、友人と支え合うことの大切さを学びました。

この例では、「友人と体を使いながら声に出して覚えたりもしました」という、最後に示した学習法の1例に引きずられて第3部をまとめています。全体を読み直せば、第2部のエピソードから得られた教訓ではないことに気がつくはずです。

〈よい例〉

> 　私が学生時代にがんばったことは「人体の構造と機能」の勉強です。
> 　○○専門学校栄養士科では、「栄養が人の体にどのように吸収されるか」などの人体の仕組みに関する科目の勉強もしました。人の体の仕組みは複雑で、覚えるのが大変でした。また、覚えたことを将来に活かせるようにさまざまな工夫をして復習に努めました。放課後、図書館に行き、関連知識を一緒に覚えたり、友人と体を使いながら声に出して覚えたりもしました。こういった努力が実り、「人体の構造と機能」に関する科目では全て

Ａ評価をもらえました。

　私はこの経験から、将来の必要性を認識することで知識を身に付けよう
とする思いが高まり、努力も重ねられることを学びました。

志望動機の書き方

1 志望動機を書こう

　第1節でも述べたとおり、自己PRと学生時代に力を入れたことは、強み、言い換えれば、自分がこれまで培ってきたもの、過去の自分を伝える作文です。それに対して、志望動機は、自分の向かうところ、未来の自分を伝える作文です。設問には、次のようなものがあります。

・志望動機をご記入ください

・当社を志望した理由を書いてください

・当社で実現したい夢は何ですか

・○○職としてどのような働き方をしたいですか

　以上は、すべて志望動機を求めていると考えてください。

(1) 志望動機を具体化する

　書き方としては、自己PR・学生時代に力を入れたことと同様に、まずは、ひと言で回答を伝えるのがよいでしょう。志望先で「将来○○をしたい」「将来○○になりたい」と、1文で志望動機をズバリと伝えましょう。

　続けて、**志望動機に思い至ったきっかけ（理由）、志望動機をさらに具体化したビジョン（夢・目標）**を伝えましょう。記入欄の字数には限りがありますので、きっかけかビジョンかどちらか一方にしぼってもよいでしょう。ただし、「将来の夢を書いてください」のように書く内容を指定されている場合には、指定に従ってまとめてください。

　締めくくりの1文として勧めたいのは、なぜ、その企業で働きたいのかを伝えることです。同一業界のなかにたくさんの企業がある場合に、なぜ、他の企業でなく志望した企業なのか、こだわりを伝えられるとよいでしょう。

（2）基本構成にまとめる

次の構成に従ってまとめてみましょう。

・第1部（提示）：志望動機（志望先で何をしたいか・志望先で何になりたいか）をズバリ書く。

・第2部（説明）：志望動機に思い至ったきっかけ（理由）・将来のビジョン（夢・目標）を書く。

・第3部（説得）：なぜ、志望先で働きたいかというこだわりを書く。

各部で段落替えをすると、メリハリの付いた文章になります。

〈きっかけを中心にまとめた例〉

> 　私は、貴社のツアープランナーとして多くの方に体験型文化観光を提供したいと思います。
>
> 　米国研修旅行で、現地の人に日本各地の名物をプレゼンする機会がありました。私は月島のもんじゃ焼きを紹介しました。もんじゃ焼きは、具材の選択、焼き方など、調理の過程を楽しめます。その点をアピールしたところ「もんじゃ焼き作りに挑戦したい」と多くの方が興味を持ってくれました。この経験から、日常体験も旅の目的になることに気がつき、その後調べてみると「体験型文化観光」という業界用語を知り、将来はぜひこれを手掛けたいと思いました。
>
> 　研修旅行を手掛けてくださった貴社の一員として、将来の夢をぜひ実現したいと思います。

〈ビジョンを中心にまとめた例〉

> 　私は、貴社のツアープランナーとして多くの方に体験型文化観光を提供したいと思います。
>
> 　コロナ禍の外出自粛の時に唯一安心して楽しめたのは、家族との食事時

間でした。そのことから郷土料理をお客様自身に客室内で料理し、召し上がってもらうファミリー層をターゲットとした体験型文化観光を考えました。旅先の郷土料理を「作ること」から「食べること」まで、客室内で味わえれば、国内はもとより海外のファミリー層にも安心して楽しんでいただけると確信しています。

　私は、この企画を、ファミリー層向けの旅の企画が充実した貴社でぜひ挑戦してみたいです。

２　仕事内容を中心に書こう

　労働条件や福利厚生のあり方は気になるところではありますが、志望動機のメインテーマにするのは勧められません。

〈悪い例〉

> 　貴店に就職できたら、１日も早く一人前の美容師になりたいです。
> 　美容師になろうと思ったのは、自分に向いていると思ったからです。IT系の仕事はできそうもないし、力仕事は絶対にやりたくなかったので、あれこれと進路は迷いましたが、割と手先が起用なところから、なんとなく美容師を目指すことにしました。将来自分の店を持てば、楽をできるのではないかとも思いました。
> 　貴店を志望したのは、他店よりも若干給料がよかったのと、チェーン展開しているので、休みも取りやすいと思ったためです。

　この例の第2部のように、消去法で進路を決めたといった志望動機を書くことは、たとえそれが正直な理由であっても、勧められません。

　採用する側のプロの美容師たちは、日夜その仕事に生活をかけてがんばっていますので、消去法の動機を伝えることは、相手を見下した姿勢と受け取られかねないからです。

第3部も大いに問題があります。「他店より若干給料がよかった」「休みも取りやすい」という条件は、たしかに重要です。本音からすると、志望の決め手になる場合もあるでしょう。ただし、志望動機には、**「やりたい仕事」「仕事を通じて実現したいこと」**など、**仕事内容を中心にまとめる**ほうがよいでしょう。

採用する側は、仕事でどれだけ貢献してくれるか、自分たちの会社・職場にどのくらい思い入れがあるのかを見るために審査をします。相手の思いにストレートに応えるには、やはり、仕事内容に関する志望動機を伝えることを勧めます。

以下のクイズに取り組んでみてください。

クイズ▶不適切な志望動機を探そう！

次の中で、**美容室への志望動機としてアピールしないほうがよい理由はどれ**でしょうか。**正解は複数あります。**

ア．他のチェーン店より給料がよい

イ．社員寮が完備されている

ウ．店長が好きなタレントに似ている

エ．離職率が低い

オ．店内が落ち着く環境である

カ．技術研修が充実している

キ．技術力の高い美容師が多い

ク．子どもの利用が少ない

ヒント

「他のチェーン店より給料がよい」「社員寮が完備されている」「離職率が低い」は、労働条件や福利厚生のあり方に関するものです。

採用側の人物の外見や容姿は、志望動機にしないほうがよいでしょう。「タレントに似ている」というのも容姿の評価に当たります。「子どもの利用が少

第3章　「伝わる文章」が書ければ就職活動も成功する

ない」は、子どもの相手が苦手という人が書きそうな理由ですが、お客様を選り好みするのは、わがままな印象を与える恐れがあります。

ア（他のチェーン店より給料がよい）、イ（社員寮が完備されている）、
ウ（店長が好きなタレントに似ている）、エ（離職率が低い）、
ク（子どもの利用が少ない）

　よい仕事をするために、「店内が落ち着く環境である」「技術研修が充実している」「技術力の高い美容師が多い」は望ましい環境ですので、志望動機としてアピールしてよいでしょう。

〈よい例〉

　貴店に勤めることが叶いましたら、最高峰のカット技術を誇れる美容師を目指します。
　特に手先が器用ではない自分が本当にプロになれるのかと不安に思いながら、美容専門学校に通っていました。1年生の時に、貴店の伊沢先生の特別実習を受けました。先生のカット技術の素晴らしさにも驚きましたが、それ以上に、先生のおっしゃっていた「カット技術を磨くには、基礎の反復が何よりも大事」というお言葉に大変勇気をもらいました。地道な努力を重ねれば、私もトップレベルを目指してよいと思えるようになりました。
　伊沢先生を目標に、貴店で努力し、多くのお客様にカット技術で喜んでもらえる美容師を目指したいと思います。

COLUMN
世の中には「ブラック企業」が存在する？

　ブラック企業と呼ばれる企業・職場は、まともに給料を払わない、パワーハラスメント・セクシャルハラスメントがある、不当な長時間労働を強いるなどで、社員を追い詰めます。

　こういった職場を選ばないように十分注意は必要です。学校でも指導を受けると思いますが、自分自身でもしっかり見極めるように注意しましょう。

3　自分の考えを書こう

　真面目な人は、履歴書・エントリーシートの志望動機を書く前に、下調べをして知識を得てからまとめようとします。知識を得ること自体は、悪いことではありません。ただし、調べたことをそのまま書き写し、その影響で自分の考えを伝えられなくなっては意味がありません。

〈悪い例〉

> 　私は貴院に採用されましたら、高齢者に喜んでもらえる看護師になりたいです。
> 　日本は今超高齢社会を迎えています。2035年には33.4％に達し、人口の3人に1人が高齢者になると推計されています。こういった将来の社会に備えて、高齢者に喜んでもらえる大勢の看護師が必要だと考えます。私もその1人になりたいと思います。
> 　貴院も将来はたくさんの高齢者患者が利用するでしょう。だから志望しました。

　この例の場合、「高齢者に喜んでもらえる看護師になりたい」というのは、本音だと思います。その思いから、日本の高齢化について調べてみたのでしょ

う。しかし、調べた内容をそのまま書き写したところ、続けて自分の考えを書くことができなくなったのでしょう。そのため、「こういった将来の社会に備えて」といった、当たり障りのない文章を書いてすませています。

　志望動機を書くために、あいまいな理解の知識や言葉を調べるのは、ぜひ行ってほしいと思います。ただし、調べたことをそのまま写してはいけません。調べ物は、自分の考えを誤解なく伝えるための備えであることを理解しておきましょう。

〈よい例〉

> 　私は貴院に看護師として採用されましたら、将来は緩和医療に携わりたいと思います。
>
> 　私の祖父は、私が高校1年生の時に病院で最期を迎えました。入院生活は1週間でしたが、その間に祖父を支えた看護師の方々の緩和ケアが忘れられません。医療行為だけでなく、髭を剃ったり、髪にドライヤーをかけてくれたりしました。祖父は、看護師の方々のおかげで亡くなるまで祖父らしくいられた気がします。私も彼女たちのように緩和医療を担い、患者様が人生の最期の瞬間まで、その人らしさを大切にできる看護師になりたいと思いました。
>
> 　専門の緩和ケアセンターを持つ貴院の看護師として、多くの患者様の尊厳のために、力を尽くしたいと考えます。

4 矛盾した説明にならないように注意しよう

　第1部で提示した志望動機に続き、第2部は、志望動機に思い至ったきっかけ、志望動機を具体化してまとめたビジョンを書きます。つまり、第1部と第2部の内容は、つながっていないといけません。第1部と第2部のつながりがなく、矛盾した内容を書かないようにしましょう。

〈悪い例〉

> 　貴社の事務社員として、作業所で働く皆さまを支えたいと思います。
>
> 　専門学校1年生の時に日商簿記2級の資格を取得しました。取得するまでに多くの困難にぶつかりましたが、とてもやりがいを感じました。貴社の社員の方が「建設会社の事務職は、1つの会社を経営するようなもので、技術以外のあらゆる方面から、工事が順調に進むように支えていくのが役割」と説明されていました。
>
> 　貴社に入社したら、簿記の資格を活かした仕事で頑張りたいと思います。

　とにかく、取得した簿記の資格をアピールしたいという思いがあったのでしょう。第2部の前半に取得したときのことを書いています。

　ただ、簿記の資格と志望する建設会社の人に聞いた話がどのようにつながるのかが、読み手にはよくわかりません。「技術以外のあらゆる方面」のうちの1つが簿記（会計）なのかもしれませんが、この例からは読み取るのが困難です。

　第3部でも「簿記の資格を活かした仕事」と書いていますが、やはり、第2部とのつながりはなく、矛盾した内容になっています。下書きや構想メモを作らず思いつくままに書くと、このような失敗をします。

〈よい例〉

> 　貴社の事務社員として、作業所で働く皆さまを支えたいと思います。
>
> 　学校内で行われた貴社の企業説明会に参加しました。最初は建設会社の事務作業について想像がつきませんでした。しかし社員の方が「1つの会社を経営するようなもので、技術以外のあらゆる方面から、工事が順調に進むように支えていくのが事務職の役割」と説明されているのを伺い、とても魅力を感じました。学校で学んだ経理や会計のノウハウが大きな建造

第3章　「伝わる文章」が書ければ就職活動も成功する

物や街づくりにつながると思うと、ワクワクした気持ちになり、建設会社の事務職を目指そうと決意しました。

　あの〇〇ビルを建設した貴社の事務社員として、未来の大きなプロジェクトを支える一助になりたいと思います。

▌5▐　箇条書きや単語の羅列ではなく文章で伝えよう

　作文に苦手意識のある人は、文章にまとめることを放棄して、箇条書きや単語の羅列ですませようとすることがあります。よいことを書いていても、やはり、箇条書きや単語だけではマイナス評価になります。社会は文章コミュニケーションで成り立っているものです。メールにしても、SNSにしても、文章で相手とコミュニケーションをとらなくてはなりません。

　文章にまとめることを放棄していては、社会人として働く準備ができてない人物と思われます。

〈悪い例〉

システムエンジニアとして働く
理由1：障害を持った方の役に立つ
理由2：交通機関の情報システム開発

　構想メモとしては、とてもよいでしょう。**メモをもとに、どのように指定の文字量の文章にまとめるか**を考えてください。

〈よい例〉

　貴社のシステムエンジニアとして、便利で快適な社会づくりに貢献したいと思います。

　学校の授業を通じて、スーパーのレジ、駅の自動改札など、人々の生活を支えるサービスの内側で情報システムがどのように動いているのかを学び、ぜひ私もその開発に関わりたいと思いました。将来の夢は、障害者の方々が便利さ、快適さを感じられる情報システムの開発です。

　貴社を志望したのは、交通機関のシステム開発に携われる可能性が高いからです。貴社の一員として、さまざまな障害を持った方々が、これまでよりも気軽に公共交通機関を利用していただけるようなシステムの開発にぜひ挑戦したいと思います。

就職活動に必要な書類の送り方

1 送る前に確認しよう

　履歴書・エントリーシートをはじめ、提出書類がすべてそろったら、送る前に次のことに取り組みましょう。

①記載ミスや記入漏れがないか確認する

　記載ミス、記入漏れともに多いのが名前の振り仮名です。「ふりがな」と指示されていたら平仮名で記入し、「フリガナ」と指示されていたら片仮名で記入します。

②年号が和暦・西暦のどちらかで統一されているか確認する

　生年月日が和暦で学歴は西暦などのように不ぞろいですと、雑な印象を与えます。

③入学年と卒業見込年は念のため調べて確認する

　とくに、卒業見込年には注意しましょう。たとえば、2021年度卒業生は「2022年3月卒業」となります。

④固有名詞を間違えていないか確認する

　たとえば、ヤクルトの正式社名は「株式会社ヤクルト本社」です。一般的には略称で知られている企業等もありますが、企業の採用に応募する際には、正式名称をきちんと把握しておくことが礼儀です。企業名だけでなく、商品名、人物名など、書類のなで使用した固有名詞を正確に書けているかどうか、確かめておくとよいでしょう。

⑤後ろから読んでみる

　一度前から順に読んで確認を終えたら、今度は後ろから読んでみましょう。視点を変えて読み直すことで、それまで見つからなかったミスを発見できることもあります。

⑥信頼できる他人に見てもらう

第三者に目を通してもらうと、思わぬミスを発見してもらえることがあります。家族など身近に信頼できる人がいる場合には、一度確認してもらいましょう。

⑦印鑑や写真の向きを確認する

記入事項ではありませんが、印鑑が曲がって押されていないか、一部欠けて押されていないかを確認しましょう。写真も向きの確認が必要です。加えて、ベストと思って選んだ写真が貼られているかを確認してください。たくさん撮ったなかから迷いながら選んだはずなのに、ベストではない写真を貼っていたというミスが意外と多いようです。写真のためによい結果を得られなかったら悔やみ切れません。最後にもう1回確認しましょう。

2 面接に向けて準備しよう

（1）書類の保存

履歴書・エントリーシートなど、自分で作成した書類は、送る前にコピーをとるかスキャニングをして書いた内容を手元に保管しておきましょう。入力作成した場合には、データを保存しておきましょう。

面接選考の際、面接官は、志望する学生から提出された書類に事前に目を通します。そのうえで、「志望動機をお話しください」というように、面接で書類に記載した課題と同じ質問をする場合があります。書類とまったく違う内容を答えると、書類は適当に取り繕っただけではないかと思われます。

面接で矛盾した回答をしないように、面接前に提出書類に書いた内容を確かめる必要があります。このため、提出前に保存することを勧めます。

（2）質問の想定

（1）で述べたように、提出した履歴書・エントリーシートの内容について、面接で質問を受けることもあります。面接に備えて、保存した書類から面接官の質問を想定し、自分で自分に聞いてみましょう。

質問を想定する際に、次のポイントを手掛かりに考えましょう。

①具体化を聞く

②理由を聞く

③意志を聞く

④知識を聞く

たとえば、第4節でよい例として紹介した次の志望動機を書類に書いたとします。下線を引いたところに質問をしてみましょう。

〈志望動機の例〉

> 貴社の<u>システムエンジニア</u>③として、便利で快適な社会づくりに貢献したいと思います。
>
> 学校の授業を通じて、<u>スーパーのレジ、駅の自動改札など、人々の生活を支えるサービスの内側で情報システムがどのように動いているのかを学び</u>④、ぜひ私もその開発に関わりたいと思いました。<u>将来の夢は、障害者の方々が便利さ、快適さを感じられる情報システムの開発</u>②です。
>
> 貴社を志望したのは、<u>交通機関のシステム開発に携われる可能性が高いからです</u>①。貴社の一員として、さまざまな障害を持った方々が、これまでよりも気軽に公共交通機関を利用していただけるようなシステムの開発に、ぜひ挑戦したいと思います。

想定質問例は、次のとおりです。

①**具体化**：具体的にはどういったシステム開発に携わりたいのですか。

②**理由**：なぜそう思ったのですか。

③**意志**：システムエンジニアは地味で根気のいる職業ですよ。長く続けられる自信はありますか。

④**知識**：スーパーのレジ、駅の自動改札以外では、情報システムによって人々の生活を支えているサービスには、どういったものがあるか知っていますか。

3　就職活動で必要なビジネスレターを作成しよう

　就職活動中には、必要に応じて、手紙・メールを用意します。大事なのは、迅速に用意することです。

　ビジネスレターとビジネスメールの書き方は、第2章第3節で紹介しましたので、その基本の書き方に従えば、すぐに作成することができます。

（1）送り状

　履歴書・エントリーシートなどの自分で作る書類が完成し、学校に作成を依頼する書類もすべてそろい、確認も終えたら、送り状を添えて送ります。

　送り状の内容は、事務連絡のみで十分です。しかし、**控えめに何気なく決意のほどを添えておく**と、気が利くと好印象を与える可能性があります。

〈送り状の例文〉

令和×年×月×日

株式会社○△×
人事課採用ご担当者様

○○専門学校

××××

拝啓　時下益々ご盛栄のこととお慶び申し上げます。

　下記の通り、応募書類を同封させていただきました。

　ご縁がございましたら、貴社の益々の繁栄の一助になれますよう、尽力する所存です。何卒よろしくお願い申し上げます。　　　　　　　敬具

記

・履歴書　　　　　1通

・成績証明書　　　1通

・卒業見込証明書　1通

以上

（2）お礼状

　書類選考、面接選考もうまくいき、晴れて内定となった際は、内定通知書とともに、内定承諾書・誓約書が送付されます。そして、入社を約束する内定承諾書・誓約書に必要事項を記入し、返送します。そのときに、お礼状を添えるのが一般的です。

　お礼状は、第2章第3節に、いくつかの例とともに書き方を紹介しましたので、参考にしてまとめてください。お礼状では、**感謝の意、今後に向けての熱意**を伝えましょう。

　しかし、忘れてはいけないのは、主の目的は内定承諾書・誓約書を届けることです。お礼状は、迅速に作成しましょう。何枚にも渡って書くのではなく、1枚にまとめましょう。

（3）詫び状

　複数の企業から内定を受けた場合は、いくつかの企業には内定辞退を伝えなくてはなりません。内定の辞退は、なるべく早く伝えることを心がけてください。早く伝えることで、企業は辞退した学生の枠で他の学生の追加採用をするなど、次の対応を取りやすくなります。

　迅速に、そして確実に辞退の意思を確かめられる点から、電話で伝えるのが一般的です。出社・退社の間際の時間帯や担当者の忙しい時間帯を避けて、電話をかけましょう。電話をして人事担当者が不在のときには、メールで伝えるようにします。次のようにまとめるとよいでしょう。

〈内定辞退を伝えるメールの例文〉

○○株式会社　人事部
○○　○○　様

○○専門学校の××××です。
この度は内定のご連絡を頂戴し、誠に光栄でございます。
せっかく貴社で働くご縁をいただきましたのに、
誠に恐縮ではございますが、
内定を辞退させていただきたく、ご連絡差し上げました。
自らの適性を十分に考えた結果、
他の企業に入社する決意をいたしました。
このような結論に達しましたことを本当に申し訳なく思っております。
深くお詫び申し上げます。
貴社の皆様には、就職活動中、親身になってご対応いただき、
大変感謝しております。ありがとうございました。

本来ならば直接お会いしてお詫び申し上げなければならないところを、
メールでのご連絡となりますことの非礼をお許しください。

末筆ではございますが、
貴社の益々のご発展を心よりお祈り申し上げております。

○○専門学校
××××

また、電話で取り急ぎ辞退の意思を伝えたうえで、詫び状を便箋に手書きし、封書で送ると、より誠意が伝わります。

〈内定辞退を詫びる手紙の例文〉

拝啓　秋冷の候　貴社におかれましては益々ご清栄のこととお慶び申し上げます。

先日は内定のご連絡を頂戴し、誠に光栄でございます。

電話でもお話しさせていただきましたとおり、誠に勝手ながら内定を辞退させていただきたく、ご連絡差し上げました。

自らの適性を十分に考えた結果、他の企業に入社する決意をいたしました。このような結論に達しましたことを本当に申し訳なく思っております。深くお詫び申し上げます。

貴社の皆様には、就職活動中、親身になってご対応いただき、感謝しております。ありがとうございました。

末筆ではございますが、貴社の益々のご発展を心よりお祈り申し上げております。

敬具

令和○○年十月二十日

○○株式会社　人事部

○○　○○　様

××××

漢数字が一般的

結語は下詰め

自分の名前は下詰め

COLUMN

内定辞退は慎重に？

　内定の辞退は慎重に判断しなくてはなりません。本当に辞退してよいのか、1 人だけで判断するのではなく、保護者や学校の先生の意見もよく聞いたうえで決めてください。

　特に注意したいのは、学校を通して応募した企業を辞退する場合です。学校推薦などの求人枠は、企業と学校の信頼関係があって成り立っています。内定を辞退できないという条件で応募を認められている場合も多いはずです。1 人の学生が辞退すると、学校に対する信頼が失われ、同じ学校の学生や、先輩、後輩に迷惑をかけることがあります。

　内定を辞退せざるを得ない場合には、企業に辞退の意思を伝える前に、必ず学校に相談しましょう。

第3章　「伝わる文章」が書ければ就職活動も成功する

索　引

あ行

挨拶 ……………………………43

宛名 ……………………………42

インターンシップ後のメール ……92

エピソード ……………………110

エントリーシートの書き方 ……101

送り状 …………………………135

お礼状 …………………78, 136

か行

鍵括弧 …………………………36

書き言葉 ………………………15

学業 ……………………………116

学生時代に力を入れたこと ……102

学生時代に力を入れたことの書き
　方 ……………………………113

学内イベントの感想 ……………74

箇条書き …………………35, 44

括弧 ……………………………37

学校が発行する書類 ……………98

きっかけ ………………………122

具体 ……………………………29

句読点 …………………………20

敬体 ……………………………25

結語 ……………………………81

原稿用紙の書き方の原則 ………39

研修旅行後のメール ……………89

件名 ……………………………42

構想メモ ………………………130

さ行

時候の挨拶 ……………………83

自己PR …………………………102

自己PR の書き方 ………………104

実習後の手紙 …………………86

質問の想定 ……………………133

自分で作成する書類 ……………98

自分の考え ……………………127

志望動機 ………………………102

志望動機の書き方 ……………122

締め ……………………………43

就活体験談への感想 ……………76

授業内容以外の質問 ……………67

授業の内容の質問 ………………65

主文 ……………………………81

常体 ……………………………25

署名 ……………………………43

書類の送り方 …………………132

書類の保存 ……………………133

接続詞 …………………………32

前文 ……………………………81

卒業生への質問 …………………69

た行

対立の接続詞 …………………32

短所 ……………………………106

小さすぎるエピソード …………115

抽象 …………………………29

長所 ………………………106

強み ………………………101

丁寧語 ………………………58

テーマごと …………………60

頭括型 ………………………27

頭語 ………………………81

読点 ………………………22

特別授業の感想 ……………71

な行

内定辞退 ……………………136

二重鍵括弧 …………………37

は行

尾括型 ………………………27

ビジネス文書 ………………78

ビジネスメールの基本 ………83

ビジネスメールの形式 ………85

ビジネスレターの基本 ………78

ビジネスレターの形式 …79, 80

ビジネスレターの作成 ………135

ビジョン ……………………122

不満のときの感想 ……………73

文章を書くトレーニング ……52

ま行

間違いやすい言葉使い ………16

間違いやすい漢字 ……………24

マッチング …………………98

末文 ………………………82

矛盾 ………………………128

メインテーマ ………………124

メールの書き方 ……………44

メールのルール ……………42

面接の準備 …………………133

や行

優先順位 ……………………109

用件ごと ……………………60

ら行

ら抜き言葉 …………………17

履歴書の書き方 ……………99

履歴書の書き方見本 ………100

わ行

若者言葉 ……………………54

詫び状 ………………………136

英数

2大メッセージ ……………101

3大作文 ……………………102

SNSの危険性 ……………49

SNSの注意点 ……………48

● 編者・監修者紹介

編……**白藍塾** （はくらんじゅく）

1991年設立。通信教育による小論文・作文の専門指導塾。小学生から社会人まで幅広く指導。小・中・高・大学の学校文章教育サポート事業も手掛ける。https://hakuranjuku.co.jp

監修…**樋口 裕一** （ひぐち　ゆういち）

作家。多摩大学名誉教授。白藍塾塾長。考案した樋口式小論文の書き方は、30年以上に渡り、広く教育界で圧倒的な支持を得ている。著書多数。代表作『頭がいい人、悪い人の話し方（PHP新書）』（PHP研究所）は250万部超の大ベストセラー。

学校生活・就活に役立つ！
短くても伝わる文章の書き方

2021 年 8 月 30 日　初版第 1 刷発行

編　者——白藍塾
監修者——樋口 裕一
　　　　©2021 Hakuranjuku, Yuichi Higuchi
発行者——張 士洛
発行所——日本能率協会マネジメントセンター
　　　　〒103-6009　東京都中央区日本橋2-7-1　東京日本橋タワー
　　　　TEL 03(6362)4339(編集)／03(6362)4558(販売)
　　　　FAX 03(3272)8128(編集)／03(3272)8127(販売)
　　　　https://www.jmam.co.jp/

装　丁——吉村 朋子
本文DTP—株式会社森の印刷屋
印刷所——シナノ書籍印刷株式会社
製本所——東京美術紙工協業組合

ISBN 978-4-8207-2950-1　C2034
落丁・乱丁はおとりかえします。
PRINTED IN JAPAN

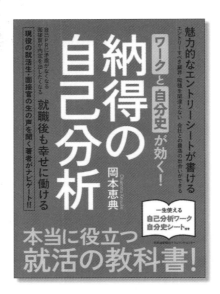

ワークと自分史が効く！
納得の自己分析

岡本 恵典　著

自分史を通じ、納得と自信をもって就職活動に臨み、自分と企業にとって最高のマッチングとなり、幸せな（職業）人生を送るためのコツを、現役の就活生・面接官の生の声を聞く著者がナビゲートします。一生役立つ別冊「自己分析ワーク／自分史シート」付き。

A5判　208頁（別冊24頁）

日本能率協会マネジメントセンター